X.systems.press

Martin Grotegut

Windows Vista
Service Pack 1

 Springer

Martin Grotegut

ISBN 978-3-540-78625-2   e-ISBN 978-3-540-78626-9

DOI 10.1007/978-3-540-78626-9

ISSN 1611-8618

Bibliografische Information der Deutschen Nationalbibliothek
Die Deutsche Nationalbibliothek verzeichnet diese Publikation in der Deutschen Nationalbibliografie;
detaillierte bibliografische Daten sind im Internet über http://dnb.d-nb.de abrufbar.

Einbandgestaltung: KünkelLopka, Heidelberg

Printed on acid-free paper

9 8 7 6 5 4 3 2 1

springer.com

Vorwort

Seit dem Erscheinen von Windows Vista im November 2006 (für Geschäftskunden) und Januar 2007 (für Endverbraucher) ist mittlerweile mehr als ein Jahr vergangen. In dieser Zeit war Microsoft nicht etwa untätig, sondern hat viele Aktualisierungen für bekannt gewordene Fehler von Windows Vista erstellt.

Nun wurde es Zeit für das erste Service Pack für Windows Vista, in dem die Fehlerbereinigungen zusammengefasst und neue Funktionen veröffentlicht werden.

In diesem Buch – als Ergänzungsband zum Buch „Windows Vista" vom gleichen Autor – werden die Änderungen am Betriebssystem Windows Vista, sowohl die offensichtlichen als auch die nicht offensichtlichen und etwas im Verborgenen liegenden Änderungen beschreiben.

Natürlich eignet sich dieser Band aber auch für Leser, die sich schnell und kompakt eine Übersicht ausschließlich über die Änderungen, die SP1 für Vista mit sich bringt, verschaffen wollen. Die Kenntnis des vorgenannten Buchs ist keine Voraussetzung.

Im Anhang sind alle im SP1 bekannt gewordenen Aktualisierungen von Windows Vista mit ihren deutschen Microsoft Knowledgebase Artikel-Nummern aufgeführt. Sie sind allesamt im SP1 enthalten – auch wenn die meisten zuvor nicht öffentlich, sondern nur durch besondere Support-Verträge und auf Anfrage vom Microsoft Product Support Service erhältlich waren.

Da sich das Vista-Buch auch für die Prüfungsvorbereitung für ausgewählte MCP-Prüfungen eignet: Durch das SP1 hat sich derzeit nichts am Pool von Prüfungsfragen geändert. Das muss jedoch nicht so bleiben. Es ist zu erwarten, dass Fragen über die Installation des SP1 erscheinen könnten. Deshalb sollte den Prüfungskandidaten sicherheitshalber bekannt sein, welche Varianten des Vista-SP1 existieren und wie diese auf Client-PCs gebracht werden können, bevor sie an einer MCP-Prüfung teilnehmen.

Für ihre Tätigkeiten, die für das Erscheinen dieses Bandes essentiell waren, danke ich Herrn Hermann Engesser, Frau Gabi Fischer und Frau Dorothea Glaunsinger vom Springer-Verlag sowie Frau Viktoria Salma!

Etwaige, trotz sorgfältiger Erstellung des Manuskripts, dennoch enthaltene Fehler gehen natürlich zu Lasten des Autors. Solche Errata würde ich in 'diesem Fall im Abschnitt „Publikationen" auf meiner Homepage http://www.zbc-berlin.de veröffentlichen.

Berlin, im April 2008   Martin Grotegut

Inhaltsverzeichnis

1. Service-Pack-1-Versionen

Das erste Service-Pack für Microsoft Windows Vista enthält alle seit dem ersten Erscheinen von Windows Vista im November 2006 (für Unternehmenskunden) bzw. Ende Januar 2007 (allgemeine Verfügbarkeit) bereitgestellten Sicherheits- und Treiberaktualisierungen sowie solche, die Fehler im Betriebssystem beseitigen. Im Anhang A sind alle 571 im SP1 enthaltenen Aktualisierungen aufgeführt, davon waren aber nur 81 öffentlich erhältlich, die restlichen 490 standen zuvor nur für Kunden mit speziellen Wartungsverträgen mit Microsoft und auf besondere Anfrage bei Microsoft PSS (Product Support Services) zur Verfügung.

Das SP1 ist in mehreren Versionen erschienen: So gibt es eigenständige Versionen des Service Packs für fünf (oder alle 36) Sprachen, integrierte Versionen und die Express-Varianten über Windows Update.

Gegen Ende Januar/Anfang Februar 2008 hat Microsoft zunächst die beiden Versionen (32-Bit und 64-Bit)[1] für die fünf am häufigsten installierten Sprachen Englisch, Deutsch, Französisch, Spanisch und Japanisch herausgebracht. Sie war erst nur für Microsoft-Partner verfügbar und Mitte März 2008 für alle Vista-Benutzer. Diese Fünf-Sprachen-Version wird auch als *Wave 0* bezeichnet.

Etwas später wurden die Service-Pack-1-Versionen, die alle Sprachen enthalten, herausgegeben (*Wave 1*).

Aber sehen wir uns die verschiedenen Varianten einmal genauer an.

1.1 Eigenständige Version

Die eigenständige[2] Service-Pack-1-Version enthält alle seit der ersten öffentlichen und endgültigen Vista-Version[3] durch Hotfixes und Patches geänderten Dateien des Betriebssystems.

---

[1] Zum Zeitpunkt der Drucklegung dieses Buchs ist noch kein SP1 für Systeme mit Itanium-Prozessoren erschienen.

[2] Englisch: *standalone*

[3] Diese wird Microsoft-intern auch als *RTM* (Release to Manufacturing) bezeichnet.

Bei der Installation wird für jede einzelne Datei geprüft, ob und in welcher Version sie auf einem Zielsystem vorliegt. Ist sie dort älter (bzw. hat eine niedrigere Build-Nummer[4]) wird sie durch das Service Pack überschrieben. Ist sie dort bereits in einer neueren Version (höhere Build-Nummer) vorhanden, was durch die Installation von Hotfixes und Patches vorkommen kann, wird sie nicht überschrieben. Gleiches passiert, falls sie dort überhaupt nicht installiert ist: So sind sicherlich bsp. die Eingabehilfen für Japanisch und andere Bestandteile von Vista auf jedem System vorhanden. Quintessenz: Ist eine bestimmte Datei auf einem Zielsystem nicht vorhanden, wird sie auch nicht gewartet (mit anderen Worten: durch eine fehlerbereinigte, neuere Version ersetzt).

Dennoch wird der Inhalt des Service Packs vollständig in den Windows-Verzeichnispfad hinein kopiert. Falls Windows-Komponenten (z. B. die Services für Unix) später installiert werden, werden dann gleich die Dateien aus dem SP1 verwendet. Eine erneute Installation des Service Packs ist nicht notwendig![5]

Für die Installation der eigenständigen Version muss Vista bereits auf dem Zielsystem installiert sein. Diese SP1-Version kann auf einer DVD vorliegen oder über das Netzwerk (in einem freigegebenen Ordner) bereitgestellt und angewendet werden. Eine Internetverbindung ist nicht notwendig. Sie eignet sich damit besonders für Systeme, die über keine Internetverbindung oder nur über eine mit geringer Bandbreite verfügen, außerdem für die Installation mehrerer oder vieler Computer (z. B. mit WSUS[6], SMS[7], SCCM[8] oder anderen Softwareverteilungssystemen).

Die Größe der Fünf-Sprachen-Datei *Windows6.0-KB936330-x86-wave0.exe* (für 32-Bit-Systeme) beträgt 435 MB, der Datei *Windows6.0-*

---

[4] Build-Nummern sind sehr detaillierte Versionsnummern. Ein Beispiel für eine Build-Nummer ist 6.0.6000.16384. Die „6" kennzeichnet dabei eine Haupt-Versions-Nummer, die „0" eine Unterversion. Nur diese beiden werden üblicherweise zur Kennzeichnung einer veröffentlichten Programmversion benutzt. Die dritte Zahl wird nach Belieben des Programmierers von Zeit zu Zeit erhöht, und die letzte Zahl in aller Regel nach jeder Quellcodeänderung und jedem nachfolgendem Kompilierungslauf.

[5] Das war aber nicht immer so: Zu Windows-NT-Zeiten musste nach jeder Hinzufügung von Windows-Bestandteilen unbedingt das jeweilige Service Pack erneut angewendet werden, damit die hinzugefügten Dateien auch auf den neuesten Stand gebracht wurden.
Erste mit Windows 2000 (und höher) hat Microsoft diese Funktion wie oben beschrieben deutlich verbessert.

[6] Microsoft Windows Software Update Services.

[7] Microsoft Systems Management Server.

[8] Microsoft System Center Configuration Manager (Nachfolger von SMS).

KB936330-x64-wave0.exe (für 64-Bit-Systeme) 727 MB. Die Dateien *Windows6.0-KB936330-x86-wave1.exe* und *Windows6.0-KB936330-x64-wave1.exe* für alle 36 Sprachen sind 544 bzw. 873 MB groß.

1.2 Integrierte Version

In der integrierten Version sind die Änderungen des SP1 bereits auf die originalen Vista-Dateien angewendet worden. Früher wurde das als „Slipstreaming" bezeichnet, jetzt als „integriert". Diese Unterscheidung ist wichtig, denn ein Service Pack für Vista kann nicht mehr wie zu früheren Zeiten auf die entpackten Betriebssystemdateien angewendet werden. Das geht durch das nun verwendete WIM-Format nicht mehr und ist durch das Vorhandensein von integrierten Versionen auch nicht mehr notwendig.

Microsoft stellt die integrierte Version von Vista und SP1 für Endverbraucher („Retail") und für Unternehmenskunden sowie OEMs bereit. Sie eignet sich insbesondere für Neuinstallationen und die Softwareverteilung im Unternehmensnetz, weil sie aus zwei langwierigen Installationsvorgängen (Betriebssystem + SP1) nur noch einen macht. Eine evtl. Deinstallation des SP1 aus welchen Gründen auch immer kommt mit dieser Version naturbedingt jedoch nicht in betracht.[9]

1.3 Express-Version

Die Express-Version, die nur über Windows-Update zur Verfügung steht, ermittelt erst, welche Vista-Komponenten und -Aktualisierungen bereits installiert wurden, bildet daraus und aus den neuen Dateiversionen so genannte „Deltas" und überträgt nur diese Differenzen zu den Computern.

Der Vorteil besteht in einer wesentlich schnelleren und effizienteren Installation: Denn nur die wirklich benötigten Dateiabschnitte müssen über das Internet übertragen werden.[10]

Bei einem System, auf das regelmäßig die aktuellen Vista-Patches installiert wurden, beträgt das Installationsvolumen regelmäßig nur ca. 65 MB (32-Bit-OS) bzw. 125 MB (64-Bit-OS). Das kann in Unternehmen auch über WSUS-Server bewerkstelligt werden.

---

[9] Das ist im allgemeinen auch nicht erforderlich.

[10] Falls der Delta-Ermittlungs- und -übertragungsvorgang für eine Datei fehlschlagen sollte, wird sie vollständig übertragen.

Während des Installationsvorgangs muss der betreffende Computer mit dem Internet (bzw. dem Unternehmensnetzwerk) verbunden sein und falls nicht regelmäßig Aktualisierungen angewendet worden sind, müssen ggf. zuvor andere Updates installiert werden, bevor das SP1 (KB936330) auf der Liste zu installierender Aktualisierungen aufgeführt ist.

Diese und das Service Pack werden selbständig auf Client-Computern ohne weiteres Dazutun installiert, wenn die Systeme für die automatische Installation von empfohlenen Microsoft-Updates konfiguriert sind.

Wenn das (z. B. in Unternehmensumgebungen) nicht gewünscht ist, kann auf den betreffenden Systemen das Windows-Service-Pack-Blockier-Tool angewendet werden (siehe http://technet.microsoft.com/de-de/windowsvista/bb927794.aspx), welches die Installation des SP1 selektiv unterbindet, ohne die Anwendung anderer Aktualisierungen zu behindern.

2. Installation des Service Packs 1

Wie kann das Service Pack 1 nun auf die Client-Computersysteme gebracht werden?

Es gibt die Installationsarten *Update, Upgrade, Windows Update Express* und die *Neuinstallation*. Sie sind in den nachfolgenden Abschnitten näher beschrieben.

2.1 Update-Installation

Bei der Update-Installation wird das SP1 mittels Installation von einem Installationsmedium (z. B. DVD oder USB-Stick) oder einem im Netzwerk freigegebenen Ordner installiert. Auch das Herunterladen und nachfolgende Installieren des vollständigen Pakets von Microsoft-Servern sowie die Windows-Update-Express-Installation gehören zu diesem Installationstyp. Letztere hat aber eine besondere Bedeutung und wurde als eigener Punkt aufgeführt.

Die Update-Installation setzt ein bereits installiertes Windows Vista voraus und aktualisiert alle veralteten installierten Betriebssystemdateien durch neuere.

Die eigenständigen SP1-Versionen unterstützen dabei die in Tabelle 2.1 aufgeführten Kommandozeilenparameter, die in einer Eingabeaufforderung oder in Skripten an den Namen des anzuwendenden SPs (z. B. *Windows6.0-KB936330-X86-wave0.exe*) angehängt werden können. Dabei ist es egal, ob sie groß oder klein geschrieben werden, und anstelle des Schrägstrichs („/") kann auch nach Belieben ein Mittestrich („-") verwendet werden.

Tabelle 2.1. Service-Pack-1-Kommandozeilenparameter

Schalter	Bedeutung
/help oder /?	Zeigt einen Hilfetext über die verfügbaren Schalter an
/quiet	Stiller Modus, d. h. keine Anzeige, dass das SP1 installiert wird und keine Interaktion mit dem Benutzer.

	Jedoch erscheint ein Zusammenfassungsbildschirm am Ende der Installation. Soll auch dieser unterdrückt werden, muss zusätzlich der Parameter /nodialog angegeben werden.
/nodialog	Unterdrückt das Zusammenfassungsfenster nach der Installation
/unattend	Installiert das Service Pack im unbeaufsichtigten Modus ohne Benutzerinteraktionen. Es werden nur kritische Fehlermeldungen und der Fortschrittsbalken angezeigt.
/forcerestart	Wenn ein Neustart nach der Installation durchgeführt werden muss, wird dieser ohne weiteres Nachfragen durchgeführt
/norestart	Kein Neustart nach erfolgreicher Installation, selbst wenn dieser erforderlich sein sollte, um die Installation abzuschließen. Dieser Parameter wird häufig mit der /quiet-Option zusammen genutzt.
/promptrestart	Fordert den Benutzer in einer Dialogbox auf, einen Neustart manuell durchzuführen, wenn einer erforderlich ist.
/warnrestart[:<seconds>]	Hinweisfenster zeigen und nach der angegebenen Zeitspanne (Default: 30 Sekunden) neu starten. Anwender können jedoch auch sofort neu starten, oder den Vorgang abbrechen.

Das sind jedenfalls die, die über die Hilfe-Funktion (siehe Abb. 2.1) angezeigt werden. Wie üblich, gibt es wieder einige nicht dokumentierte Schalter (siehe Tabelle 2.2).

Tabelle 2.2. Undokumentierte Service-Pack-1-Kommandozeilenparameter

Schalter	Bedeutung
/noreboot	Verhindert Neustarts während der Installation
/path und /path:	Funktion unbekannt
/wsus	Gibt einen Fehlercode aus, wenn die vorangegangene Installation fehlgeschlagen ist. Diese Option wird für Installationen mittels WSUS, SMS, SCCM oder anderer Software benötigt, die den Windows Update Agent verwenden, um den

	Status eines Installationsvorgangs zurückzumelden.
/x und /x:<Verzeichnispfad>	Entpackt die im SP1 enthaltenen Dateien im angegebenen Pfad

Die Optionen */forcerestart* und */warnrestart* schließen sich dabei gegenseitig aus und dürfen nicht gleichzeitig angegeben werden.

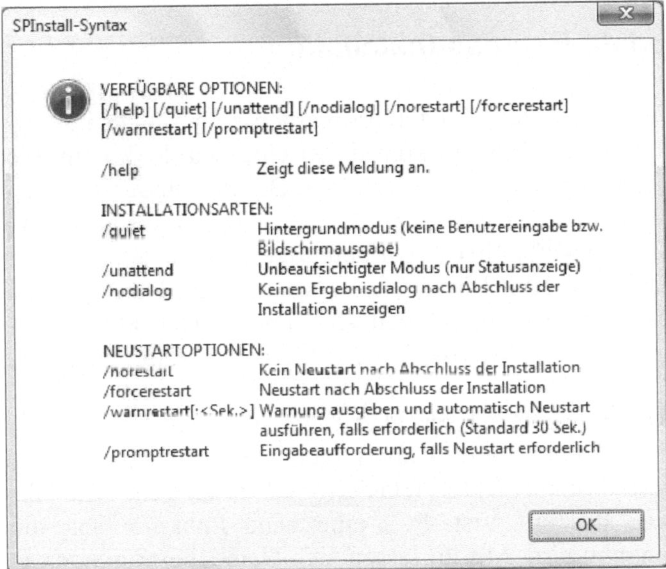

Abb. 2.1. Hilfe-Funktion der Service-Pack-1-Installation

2.2 Upgrade-Installation

Die Upgrade-Installation entspricht weitestgehend einem regulären Upgrade eines Vista-Upgrade-fähigen Betriebssystems (z. B. Windows XP, aber auch Vista selbst) durch Windows Vista. Nur dass hierbei nicht erst das Betriebssystem selbst und dann das Service Pack (zeitraubend) installiert werden, sondern die Variante benutzt wird, bei der die Service-Pack-1-Dateien bereits in Vista integriert wurden. Man erspart sich dadurch die Zeit, die durch unnötige Doppelinstallation aufgewendet wird.

Diese Installationsart ersetzt stets die Betriebssystemdateien, unterschieden wird jedoch zwischen der Reparatur des Betriebssystems (Vista) und der Migration (bzw. Upgrade): Bei der ersteren werden Einstellungen und angelegte Benutzer überschrieben (somit Vista wieder zurückgesetzt, ohne dass wie bei einer Neuinstallation auch die Daten gelöscht würden).

Bei dieser Installationsart ist das SP1 fester Bestandteil und könnte später (z. B. beim Auftreten von Inkompatibilitäten) ggf. nicht deinstalliert werden. Ein evtl. später veröffentlichtes SP2 könnte jedoch problemlos „drüberinstalliert" werden.

2.3 Windows-Update-Express-Installation

Wenn nur einzelne Vista-Rechner aktualisiert werden sollen, oder im Unternehmen eine WSUS-Server-Infrastruktur eingerichtet wurde, kommt die Windows-Update-Express-Installation in Betracht. Bei ihr müssen nur vergleichsweise kleine Installationspakete (ca. 65 MB je 32-Bit-Vista-PC und ca. 125 MB je 64-Bit-Vista-PC) übertragen und angewandt werden. Dabei kommt ein Delta-Verfahren zum Einsatz, welches für jede Datei jeweils überprüft, welche Abschnitte in ihr aktuell sind und welche aktualisiert werden müssen. Dadurch kann Microsoft diese kleineren Volumina erreichen.

Die erwähnten Datenmengen müssen aber nicht in jedem Fall jeweils zwangsläufig von den Update-Servern übertragen werden, denn für den Aktualisierungsprozess kommt BITS (Background Intelligent Transfer Service) zum Einsatz, das auf Vista-PCs eine neue Funktion hat, die *Neighbor Casting* genannt wird. Mit ihr lassen sich Datenübertragungen in Domänen effizienter durchführen. Mit dem Bestandteil *peer caching* dieser Funktion werden die Anwender gleichzeitig Empfänger und Sender der Aktualisierungen. Die BITS-Dienste in einem Subnetz kommunizieren dabei untereinander und leiten Download-Vorgänge ggf. zu Computern um, welche die Dateien bereits heruntergeladen haben. Das hilft, Netzwerkbandbreite einzusparen und die Last auf den Servern zu verringern.

Um den SP1-Aktualisierungsprozess zu beginnen, rufen Benutzerinnen und Benutzer das Programm Windows-Update auf. Gelegentlich steht das SP1 dann nicht in der Liste verfügbarer Aktualisierungen. Dann ist es erforderlich, zuerst ein oder mehrere Aktualisierungen zu laden, bevor das SP1 installiert werden kann.

Seit Mitte April 2008 wird das SP1 auch für die automatische Aktualisierung angeboten. Auf Computern, auf denen die Option „Wichtige Updates automatisch herunterladen und installieren" aktiviert ist, werden die Vor-Aktualisierungen und die Installation des SP1 ohne weiteres Dazutun der Benutzer durchgeführt.

Das gilt auch für solche Anwender, die nur mit geringer Bandbreite an das Internet angeschlossen sind. Wie schon erwähnt, wird der Herunterladevorgang durch den BITS-Dienst im Hintergrund (auf Wunsch automatisch) und zuverlässig durchgeführt. Sollte es während der Datenübertragung zu einem Verbindungsabbruch kommen, setzt BITS den Vorgang an der Stelle fort, an der er unterbrochen wurde.

2.4 Neuinstallation

Bei einer Neuinstallation wird Windows Vista auf ein Zielsystem gebracht, unabhängig von einem bereits dort evtl. installierten Betriebssystem. Dabei wird zwischen einer destruktiven und einer nicht-destruktiven Neuinstallation unterschieden. Bei ersterer werden bei der Installation die Datenträger und ihre Partitionen (gelegentlich wird auch die Partitionierung derselben geändert) bei dem Installationsvorgang gelöscht und überschrieben. Bei der nicht-destruktiven Neuinstallation (sie wird auch als „Reinstallation" bezeichnet) werden keine Benutzerdaten gelöscht, aber alle Betriebssystemdateien unabhängig von ihrer Version überschrieben.

Grundsätzlich kann ein Vista-SP1-System durch die Installation von Vista RTM und nachfolgender SP1-Installation erstellt werden, praktischer Weise wird dazu aber aus Zeitgründen in aller Regel die integrierte Vista-SP1-Version verwendet, die in nur einem Installationsvorgang das Betriebssystem und seine Aktualisierung auf einen Rechner bringt.

2.5 Was gibt es Wichtiges vor der Installation zu beachten?

Obwohl Microsoft sich bemüht hat, die Aktualisierung von Windows Vista auf die SP1-Version so einfach und problemlos wie möglich zu gestalten, gibt es dennoch einige Dinge zu beachten, damit ein System erfolgreich mit dem SP1 aufgerüstet werden kann:

- Wenn bereits eine Vorabversion des Service Packs 1 vorhanden ist (erkennbar an Build-Nummern[1] kleiner als 6.0.6001.18000), muss diese

---

[1] Die Build-Nummer des Internet Explorers 7 kann bsp. durch seinen Menüpunkt „? – Info" abgefragt werden.

zuvor deinstalliert werden.[2] Andernfalls wird die Fehlermeldung „Service Pack 1 bereits installiert" ausgegeben.

- Für ein 32-Bit-System muss die entsprechende 32-Bit-Version von Windows Vista aufgerufen werden, für ein 64-Bit-System die entsprechende 64-Bit-Version. Zur Zeit der Drucklegung dieses Buchs war das SP1 für Systeme mit Itanium-CPUs nicht erhältlich.
- Es muss sichergestellt sein, dass ausreichend freier temporärer Festplattenspeicherplatz zu Verfügung steht: Das eigenständige Vista SP1 benötigt 7 GB freien Patz auf der Partition für eine 32-Bit-Variante und 13 GB für eine 64-Bit-Variante. Die Express-Versionen benötigen 1,2 bzw. 1,5 GB freien Festplattenplatz, und die integrierte Version 15 GB.
- Während der Installation sollen keine anderen Programme aktiv sein.
- Notebooks sollten an das Netzteil angeschlossen werden, um zu verhindern, dass während der Installation der Akku zu Neige geht.
- Bei Systemen, die an eine unterbrechungsfreie Stromversorgung (USV) über ein serielles Schnittstellenverbindungskabel angeschlossen sind, sollte man dieses vor der Installation entfernen. Der Hintergrund dieser Empfehlung ist, dass während der Installation überprüft wird, ob bzw. wie viele serielle Schnittstellen ein System hat. Dabei werden Zeichen an die Schnittstellenbausteine geschickt, was wiederum einige USVs veranlassen kann, in den Entlademodus zu wechseln.
- Sicherheitshalber sollten vor der Aktualisierung auch wichtige Dateien gesichert werden.
- Außerdem kann manche Anti-Virus-Software die Aktualisierung von bestimmten Systemdateien verhindern. In so einem Fall sollte die Anti-Virus-Software vor Beginn der SP1-Installation deaktiviert werden.
- Für die Business-, Enterprise- und Ultimate-Versionen ist es in Unternehmensumgebungen noch wichtig zu wissen, dass das Service Pack 1 die Gruppenrichtlinienverwaltungskonsole (GPMC.msc) entfernt. Als Ersatz steht RSAT (Remote Server Administration Tools) im Microsoft Download-Bereich bereit. Alternativ können Active-Directory-Gruppenrichtlinienobjekte durch (ggf. virtuelle oder per Fernverwaltung) Computer mit Vista ohne Service Pack sowie mit Windows Server 2008 verwaltet werden, die Domänenmitglieder sind. Außerdem muss auf die Auswahl der richtigen Service-Pack-Version (Wave 0 bzw. Wave 1) geachtet werden, wenn Sprachpakete installiert sind.

Manchmal liegt die Tücke aber auch nur im Detail: Was passiert wohl, wenn ein System mit SP1 in eine „größere" Vista-Version (z. B. von Vista

---

[2] Siehe dazu den Abschnitt 2.7.

Home Premium auf Vista Ultimate) geändert werden soll (Upgrade-Installation) und eine Original-Vista-DVD aus dem Jahr 2007 vorliegt? Die Installation schlägt fehl! Benötigt wird in dem Fall nämlich ein Installationsmedium mit integriertem SP1. Wenn ein solches nicht besorgt werden kann, bleiben: Die Deinstallation des SP1 mit nachfolgendem Upgrade und erneuter SP1-Installation oder eine vollständige Neuinstallation.

2.6 Beispielinstallation

Anhand der nachfolgenden Bildschirmfotos wird beispielhaft gezeigt, welche Schritte bei einer Installation einer eigenständigen Version von SP1 auf einem bereits installierten Windows-Vista-System erforderlich sind (Update-Installation).

Zuerst wird die für das jeweilige System passende SP1-Installationsroutine aufgerufen. Es öffnet sich daraufhin der in Abb. 2.2 gezeigte Startbildschirm.

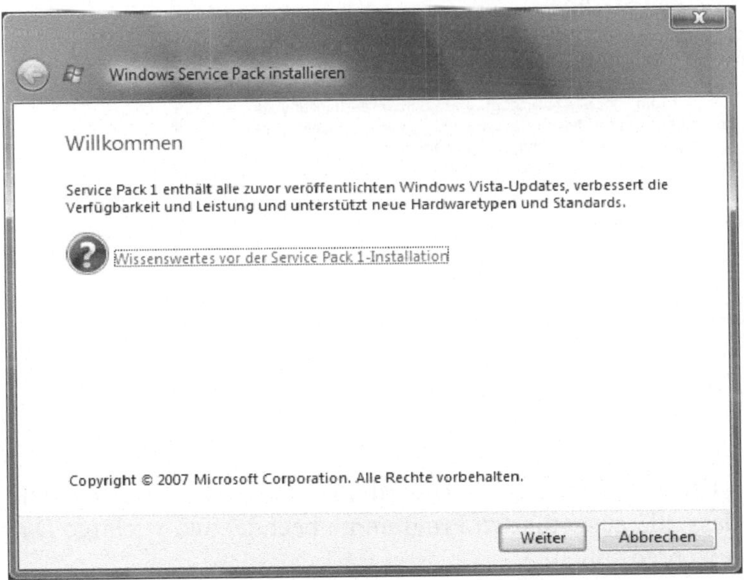

Abb. 2.2. SP1-Installationsstartbildschirm

In diesem Fenster kann die Installation fortgesetzt (mit der Schaltfläche *Weiter*) oder abgebrochen (mit der Schaltfläche *Abbruch*) werden, sowie

Hinweise vor der Installation angezeigt werden. Letztere (und weitere Ratschläge) sind im Kapitel 2.5 in diesem Buch bereits vorgestellt worden – dennoch ist es durchaus empfehlenswert, sich vor der Installation die neuesten Hinweise des Herstellers anzusehen.

Nach Auswahl der Schaltfläche *Weiter* erscheint das nächste Fenster des Installationsprozesses, in dem die Lizenzbestimmungen für das Service Pack 1 angezeigt werden (siehe Abb. 2.3).

Diese müssen durch Auswahl des Kästchens „Ich akzeptiere die Lizenzbedingungen" explizit angenommen werden. Durch Klick auf die Schaltfläche *Weiter* erscheint das nächste Fenster.

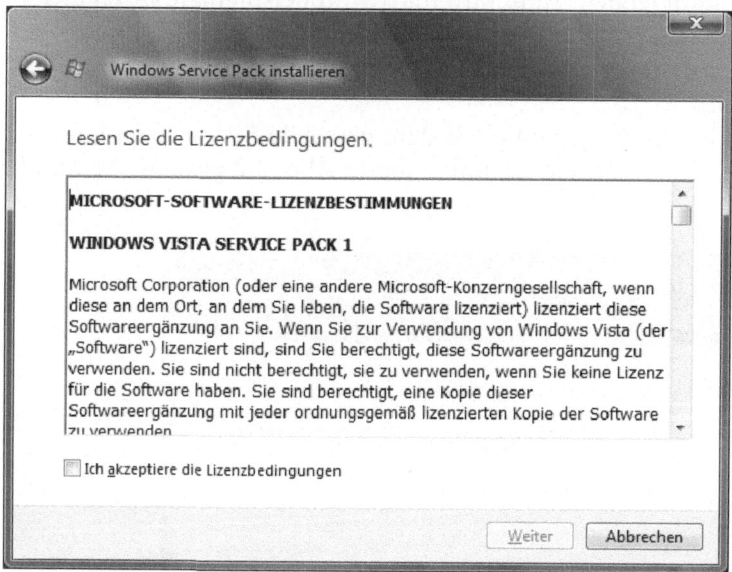

Abb. 2.3. SP1-Lizenzbestimmungen

Im nächsten Fenster (siehe Abb. 2.4) wird noch mal ausdrücklich darauf hingewiesen, dass alle ausgeführten Programme beendet und wichtige Daten gespeichert werden sollen!

Während der ca. eine Stunde dauernden Installation ist es erforderlich, dass der Computer ein paar mal neu gestartet wird. Über das Kästchen mit der Beschriftung „Computer automatisch neu starten" lässt sich festlegen, ob der angemeldete Benutzer zum Neustart aufgefordert werden soll, oder ob Vista das automatisch vornimmt.

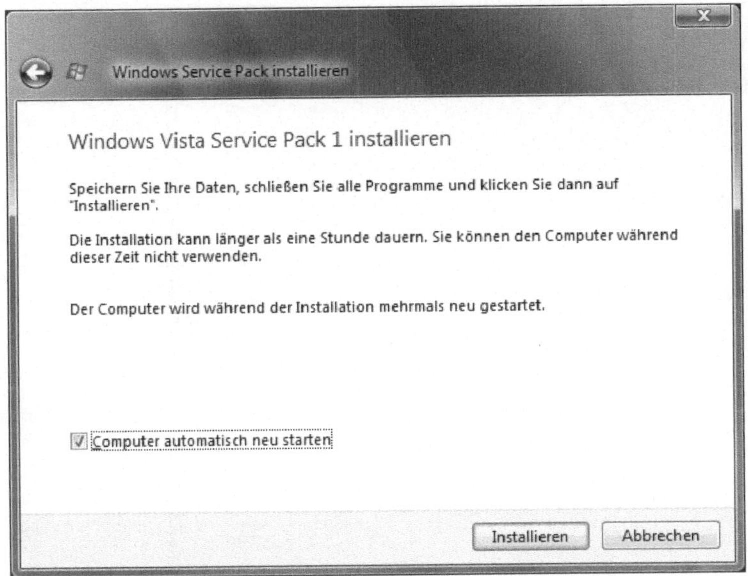

Abb. 2.4. Auswahl der Neustartoption während der Installation

Nach der Auswahl der geeignetsten Einstellung und Auswahl der Schaltfläche *Installieren* beginnt der umfangreiche Installationsprozess.

Dazu wird das in Abb. 2.5 gezeigte Fenster geöffnet, in dem Ihnen ein Fortschrittsbalken angezeigt wird.

Wie schon zuvor erwähnt, wird der Computer bei Bedarf jeweils neu gestartet und die Installation des Service Packs 1 setzt an der Stelle bevor ein Neustart erforderlich war, fort.

Einige Zeit später wird Ihnen das Ergebnis der Installation in einem eigenen Fenster (siehe Abb. 2.6) angezeigt.

Nun muss der Computer nur noch ein letztes Mal neu gestartet werden, und Ihnen steht das frisch gewartete und um einige Funktionen ergänzte System wieder zur Verfügung.

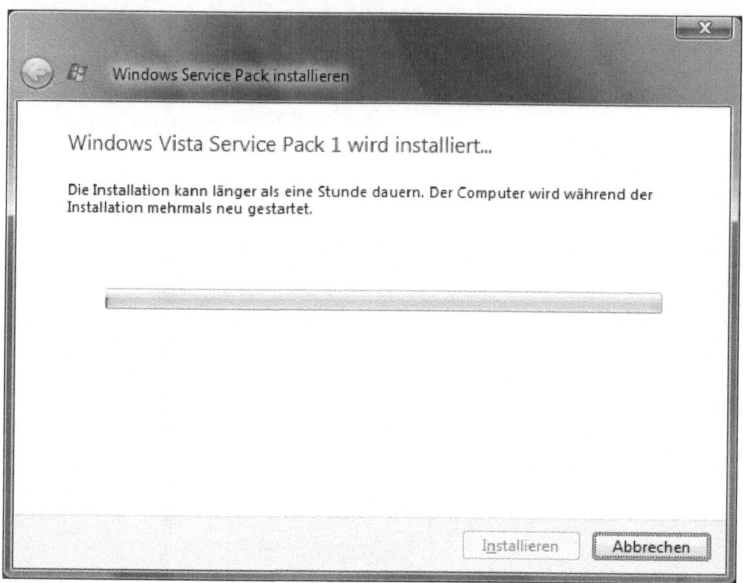

Abb. 2.5. Fortschrittsfenster der Service-Pack-Installation

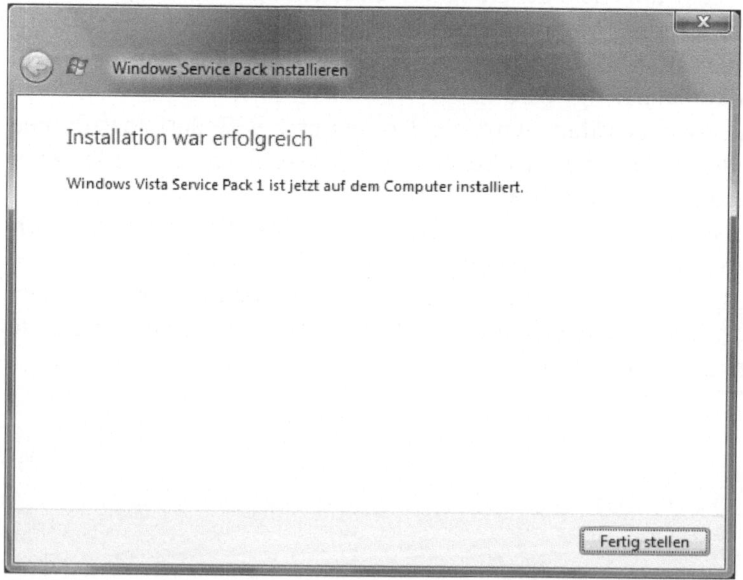

Abb. 2.6. Installationsergebnisfenster

2.7 Deinstallation des Service Packs 1

Falls Sie aus einem wichtigen Grund (weil z. B. eine bestimmte Applikation oder eine Anti-Virus-Software nicht mehr funktioniert) das Service Pack 1 entfernen und Windows Vista auf den Auslieferungszustand zurücksetzen möchten, kann das bei den nicht-integrierten, also nachträglich durchgeführten SP1-Installationen recht einfach durchgeführt werden.

Dazu wird in der Systemsteuerung das Programm *Programme und Funktionen* aufgerufen und in dem sich dann öffnenden Fenster oben links auf *Installierte Updates anzeigen* geklickt. Danach wählen Sie den Eintrag „Service Pack für Windows Vista (KB936330)" aus, klicken auf *Deinstallieren* und folgen den dann gegebenen Anweisungen.

Sollte diese Variante nicht funktionieren, oder wenn Sie die Deinstallation für eine größere Anzahl von Rechnern automatisieren möchten, existiert auch noch ein zweites, kommandozeilen-basiertes Deinstallationsverfahren:

Öffnen Sie dazu zunächst eine Administrator-Eingabeaufforderung (z. B. durch Eingabe von *cmd* und anschließendes Drücken der Tastenkombination Umschalten+Steuerung+Eingabetaste)

Wechseln Sie dann in das Verzeichnis, in dem sich die betreffende SP1-Datei befindet (nachfolgend wird von der deutschen 32-Bit-Variante im Verzeichnis C:\Temp ausgegangen), z. B. mit *cd c:\temp*

Geben Sie dann nacheinander die drei folgendenden Befehle ein:

windows6.0-kb936330-x86-wave0.exe /x:c:\temp
md <sandbox> und
start /w pkgmgr.exe /m:c:\temp\windows6.0-kb936330-x86-wave0.cab
  /up /s:<sandbox>

Nachdem der dritte Befehl ausgeführt wurde, werden Sie dazu aufgefordert, den Computer neu zu starten. Danach ist das SP1 wieder entfernt.

Falls das Service Pack 1 auf einem Windows-Vista-Computer installiert wurde, der noch nicht aktiviert worden ist, kann es evtl. nicht mit den oben beschriebenen Methoden deinstalliert werden. Folgende Abhilfen gibt es: Das System nach der SP1-Installation aktivieren, dann lässt sich dieses deinstallieren, oder das SP1 generell nur auf aktivierten Systemen zu installieren.

2.8 Was tun bei Installationsproblemen?

Microsoft hat sein Bestes gegeben, um den Installationsvorgang des Service Packs in praktisch allen Systemumgebungen reibungslos ausführbar zu machen.

Dennoch ist es während der langen Entwicklungs- und Beta-Test-Phase zu Problemen mit bestimmten Treibern (u. a. Realtek HD-Audio-Chips) gekommen. Diese ließen sich zwar durch schlichtes Re-Installieren der betreffenden Treiber-Dateien einfach beseitigen – aber das verlangt etwas spezielleres Computerwissen, das nicht alle Vista-Benutzer und -Benutzerinnen haben (und als normale Computerbenutzer natürlich auch nicht haben brauchen).

Diese Inkompatibilitäten werden vom SP1 nun in aller Regel erkannt, aber es kann aus anderen Gründen dazu kommen, dass das SP1 nicht erfolgreich installiert werden kann. Diese können unter anderem sein: Probleme mit dem Festplattenlaufwerk bzw. Dateisystem, Inkonsistenzen zwischen dem Dateipuffer und dem physischen Medium, unregelmäßig auftretende Hauptspeicher- und Busfehler, etc.

Microsoft empfiehlt in solchen Fällen nacheinander folgende sechs Dinge zu probieren und nach jedem Schritt jeweils zu versuchen, ob das SP1 dann installiert werden kann, und falls nicht, zum nächsten Schritt vorzugehen.

1. Sicherstellen, dass genügend temporärer freier Festplattenplatz für die Installation zur Verfügung steht.
2. Vor der Installation des SP1 einen Neustart des Systems durchführen.
3. In einer Administrator-Eingabeaufforderung *chkdsk /f* ausführen (dieser Befehl überprüft das Dateisystem und korrigiert ggf. Fehler).
4. In einer Administrator-Eingabeaufforderung *sfc /scannow* ausführen (überprüft und berichtigt ggf. die Inhalte von Systemdateien).
5. In einer Administrator-Eingabeaufforderung *mdsched.exe* ausführen, was den Hauptspeicher testet.
6. Erneutes Anwenden der Aktualisierung *KB947821* (diese kann von *http://support.microsoft.com* heruntergeladen werden) durch Extrahieren dieser Datei und Ausführen des *Windows6.0-KB947821-xxx.MSU*-Programms (Anstelle der *xxx* wird die Bezeichnung der zutreffenden Aktualisierung angegeben.

3. Neuerungen des Service Packs 1

Durch das Service Pack 1 haben sich etliche Dinge in Windows Vista geändert, denn es wurden von Microsoft nicht nur Fehler und Inkompatibilitäten beseitigt, sondern auch neue Funktionen hinzugefügt.

3.1 BitLocker-Laufwerksverschlüsselung

Eine der erwähnten Neuerungen betrifft BitLocker: Vor SP1 konnte in den Enterprise- und Ultimate-Versionen von Windows Vista nur eine Partition verschlüsselt werden.[1] BitLocker wurde dahingehend geändert, dass nun auch aus der GUI mehrere Partitionen verschlüsselt werden können, und eine weitere Funktion hinsichtlich der Schlüsselspeicherung hinzugefügt wurde: Nun kann auf Wunsch festgelegt werden, dass zum Starten eines Vista-Computers nicht nur ein TPM und eine PIN, sondern auch noch als dritter Faktor ein USB-Speicher vorhanden sein muss.

Verfügt ein Gerät über ein TPM (Trusted Platform Module) wird in ihm stets der Schlüssel für die als „Startpartition" bezeichnete Festplattenpartition (auf dieser ist Windows Vista installiert) untergebracht. Die Schlüssel für ggf. weitere verschlüsselte Partitionen werden als Teil der Registrierung, die auf der Startpartition liegt, untergebracht. Damit auf diese Partitionen zugegriffen werden kann, muss daher zuvor die Startpartition entschlüsselt werden.

Das BitLocker-GUI-Programm wird weiterhin aus der Systemsteuerung aufgerufen. Es öffnet sich dann das in Abb. 3.1 dargestellte Fenster, in dem der Verschlüsselungsstatus der Partitionen angesehen und geändert werden kann.

---

[1] Moment, das war jetzt nicht ganz korrekt: Mit dem noch vorzustellenden Programm *manage-bde.wsf* (siehe Kapitel 3.1.1) konnten auch vor SP1 weitere Partitionen „verbitlockert" werden, allerdings nicht in der GUI (Graphical User Interface, grafische Benutzeroberfläche).

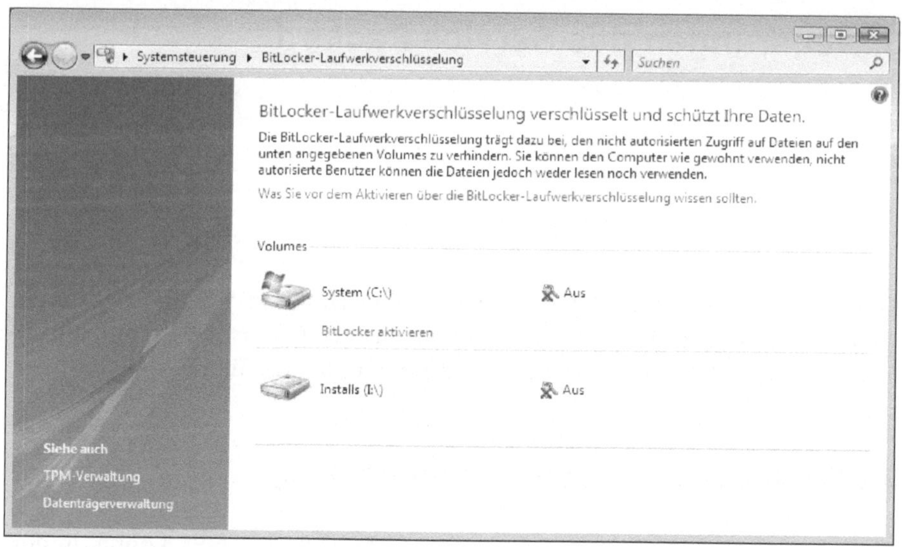

Abb. 3.1. Das BitLocker-Verwaltungsprogramm aus der Systemsteuerung

Wird eine Partition neu verschlüsselt oder entschlüsselt, so geschieht dieser Vorgang im Hintergrund. Während der Verarbeitung kann also weiter gearbeitet werden und auch Daten verändert werden. Selbst bei einem Neustart des Systems hat Vista sich gemerkt, bis zu welcher Sektorgruppe es gekommen ist, und setzt den Prozess ab dieser Stelle fort.

Vor der Verschlüsselung ist es ratsam, die angebotene BitLocker-Systemüberprüfung (siehe Abb. 3.2) durchzuführen, um sicherzustellen, dass der BitLocker-Entschlüsselungsschlüssel wirksam im TPM untergebracht werden kann. Dazu muss nur das Kästchen links neben der Option aktiviert werden. Der Vorgang dauert nur sehr kurze Zeit (in der Regel weniger als eine Sekunde).

Durch Auswahl der Schaltfläche *Verschlüsseln* beginnt der Prozess. Er kann, falls gewünscht, durch erneutes Aufrufen des BitLocker-Verwaltungsprogramms abgebrochen bzw. rückgängig gemacht werden.

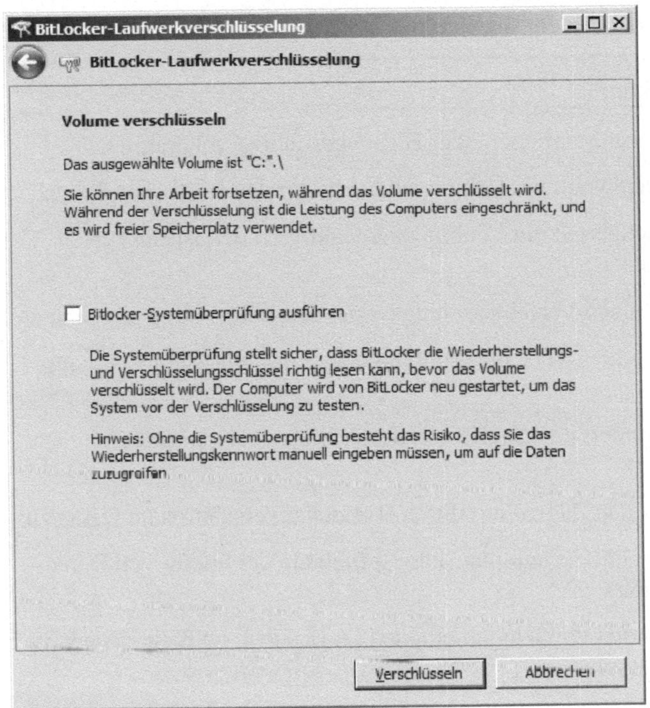

Abb. 3.2. Partitionsverschlüsselung

3.1.1 Das BitLocker-Skript manage-bde.wsf

Dieses Skript ist ein Werkzeug, mit dem sich die BitLocker-Laufwerksverschlüsselung auf Vista-Computern (auch über das Netzwerk) in einer Eingabeaufforderung oder einem Skript verwalten lässt. Mit ihm ließen sich sogar mehr als nur eine Partition auch schon vor dem Service Pack 1 verschlüsseln.

Es wird mit der Befehlszeile *cscript C:\windows\system32\manage-bde.wsf* aufgerufen.

Die wichtigsten Parameter sind in Tabelle 3.1 aufgeführt. Eine detaillierte Liste seiner Syntax erhält man über den Aufruf mit *-<Parameter-Name> -h*.

Tabelle 3.1. Gültige Parameter für manage-bde.wsf

Parameter	Funktion
-status	Gibt Informationen über BitLocker-fähige Volumes aus.
-on	Verschlüsselt ein Volume und aktiviert den BitLocker-Schutz.
-off	Entschlüsselt ein Volume und deaktiviert den BitLocker-Schutz.
-pause	Hält einen Verschlüsselungs- oder Entschlüsselungsvorgang an.
-resume	Setzt einen Verschlüsselungs- oder Entschlüsselungsvorgang fort.
-lock	Verhindert den Zugriff auf durch BitLocker verschlüsselte Daten.
-unlock	Lässt den Zugriff auf durch BitLocker verschlüsselte Daten zu.
-autounlock	Verwaltet die automatische Aufhebung der Sperre von Datenvolumes.
-protectors	Verwaltet die Schutzmethoden (z. B. TPM, USB-Speicher) für Schlüssel.
-tpm	Konfiguriert das TPM (Trusted Platform Module) des Computers.
-ForceRecovery (oder -fr)	Erzwingt, dass ein mit BitLocker geschütztes Betriebssystem beim Neustart wiederhergestellt wird.
-ComputerName (oder -cn)	Gibt den Namen oder die IP-Adresse des Computers an, auf dem Manage-bde ausgeführt werden soll (z. B. "Computer1", "10.10.1.70"
-? oder /?	Zeigt eine kurze Hilfe an. Beispiel: *-<Parametername> -?*
-Help oder –h	Zeigt eine vollständige Hilfe an. Beispiel: *-Parametersatz -h*

Beispiele für die übliche Verwendung sind:

manage-bde -status
manage-bde -on C: -RecoveryPassword -RecoveryKey F:
manage-bde -unlock E: -RecoveryKey F:\\84E151C1...7A62067A512.bek

In Unternehmensumgebungen können die BitLocker-Schlüssel (bsp. mit einer Gruppenrichtlinieneinstellung) auch in Active Directory gespeichert werden und von dort für Wiederherstellungsvorgänge (engl.: *recovery*) ausgelesen werden.

Eine Bemerkung am Rande: Weil das Programm als Skript realisiert wurde, lässt sich sein Quellcode in jedem Texteditor öffnen und ansehen.

3.1.2 Verwaltung von Trusted Platform Modules (TPM)

Damit BitLocker maximal genau einen Schlüssel in einem TPM unterbringen kann, muss ein in einem Computersystem vorhandener TPM-Baustein zuerst *aktiviert* und der *Besitz übernommen* werden. Das muss in der Regel im BIOS durchgeführt werden.

Aus Sicherheitsgründen (denn das könnte sonst missbräuchlich auch durch eine schädliche Software vorgenommen werden) muss eine Anwenderin bzw. ein Anwender das unbedingt persönlich durch eine Tasteneingabe durchführen. Leider ist das in Unternehmensumgebungen im Resultat hinderlich, weil automatisch ablaufende Installationen von Windows-Vista-Systemen mit BitLocker auf Systemen mit nicht initialisierten TPMs erschwert.

Ob ein System ein TPM hat, kann im Gerätemanager überprüft werden, denn auch TPMs werden dort als angeschlossene Geräte aufgeführt.

Aktivierte TPMs können mit dem gleichnamigen Programm aus der Systemsteuerung verwaltet werden (siehe Abb. 3.3).

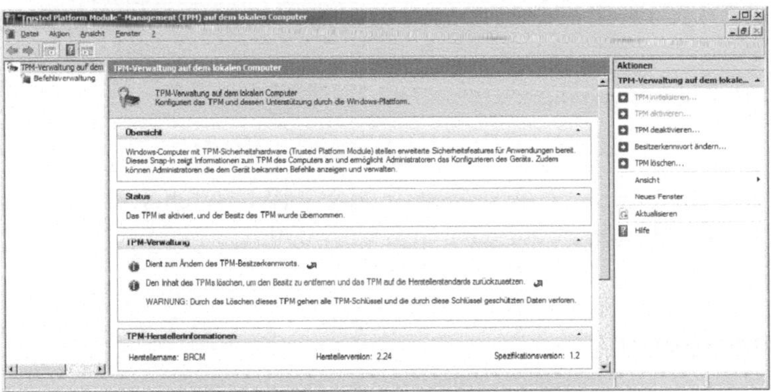

Abb. 3.3. TPM-Verwaltung

Als Verwaltungsvorgänge können die im Abschnitt *Aktionen* aufgeführten *TPM initialisieren*, *TPM aktivieren*, *TPM deaktivieren*, *TPM löschen* und die *Änderung des Besitzerkennworts* (PIN) durchgeführt werden.

Diese Vorgänge dürfen natürlich nur Administratoren vornehmen, denn gerade im Falle der TPM-Inhaltslöschung gingen Daten auf mit BitLockergeschützten Partitionen verloren, wenn kein Wiederherstellungsschlüssel mehr vorliegt.

Dieses lässt sich aber modifizieren: In Abbildung 3.4 ist die TPM-Befehlsverwaltung, die Bestandteil des TPM-Verwaltungsprogramms ist, abgebildet. Die aktuelle TPM-Spezifikation kennt ca. 120 Kommunikationsbefehle zwischen dem Host und dem TP-Modul.

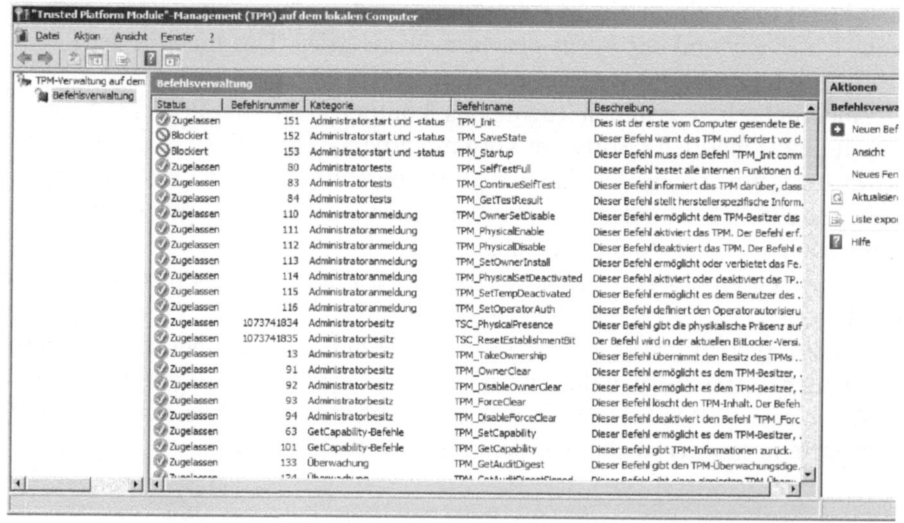

Abb. 3.4. TPM-Befehlsverwaltung

Für jeden einzelnen Befehl lässt sich in der TPM-Befehlsverwaltung festlegen, ob und durch wen er aufgerufen werden kann.

3.2 Defragmentierung

Im Defragmentierungsprogramm (siehe Abb. 3.5) gibt es auch Änderungen!

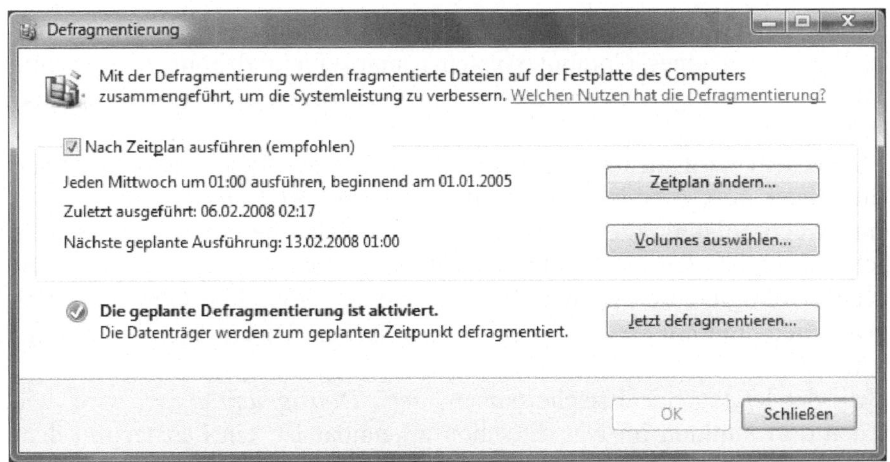

Abb. 3.5. Das Programm „Defragmentierung"

Wenn die Schaltfläche *Zeitplan ändern...* ausgewählt wird, öffnet sich wie bisher das Fenster mit dem Titel „Datenträgerdefragmentierung: Zeitplan ändern" (siehe Abb. 3.6). In ihm wird die Häufigkeit und der Zeitpunkt der automatisch ablaufenden Datenträgerdefragmentierungen festgelegt.

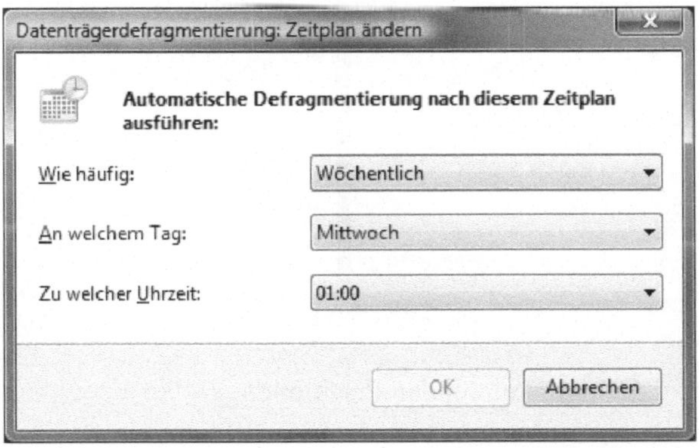

Abb. 3.6. Änderungsfenster für den Defragmentierungszeitplan

Ab dem Service Pack 1 werden nach Auswahl der Schaltfläche *Volumes auswählen...* in dem sich dann öffnenden Fenster mit dem Titel *Datenträgerdefragmentierung: Jetzt defragmentieren* (ähnlich wie in Abbildung

3.7 dargestellt) unter Angabe der Ergänzung *Erweiterte Optionen* sämtliche Partitionen eines Computersystems angezeigt und können über eine Auswahl der eckigen Schaltflächen mit einbezogen oder ausgeklammert werden.

Außerdem wird im unteren Fensterbereich eine Option namens „Neue Datenträger automatisch defragmentieren" angezeigt. Es werden jedoch keine Wechseldatenträger wie USB-Flash-Speichermedien angezeigt, was auch logisch ist, denn sie sind nicht unbedingt zum Zeitpunkt der automatischen Defragmentierung mit dem Computer verbunden. Ohnehin ist es bekanntlich unnötig, solche nicht-mechanischen Datenträger zu defragmentieren.

Mit der letzten Schaltfläche namens *Jetzt Defragmentieren...* wird, wie an den drei Punkten im Namen schon erkennbar ist, ein Fenster mit dem Titel „Datenträgerdefragmentierung: Jetzt defragmentieren" geöffnet. Es ist in Abb. 3.7 abgebildet.

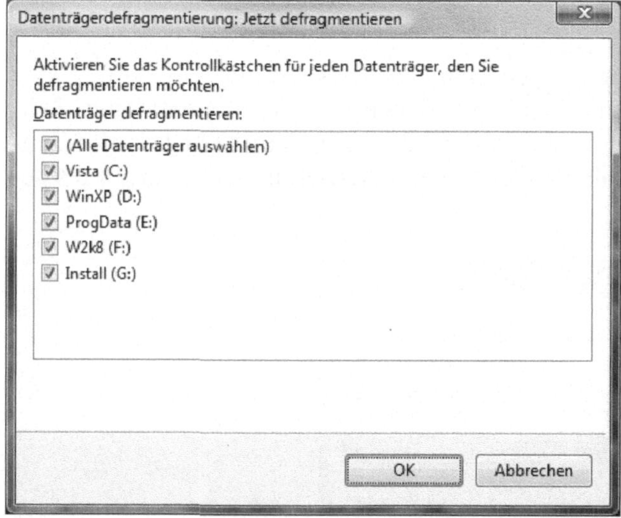

Abb. 3.7. Auswahlfenster der zu defragmentierenden Partitionen

In ihm werden wirklich sämtliche Partitionen eines Computersystems angezeigt (auch die der Flash-Wechselspeichermedien) und können über eine Auswahl der Kästchen ausgewählt oder deselektiert werden.

Auf Klick von *OK* wird auch außerhalb des festgelegten Zeitplan sofort mit der Defragmentierung der ausgewählten Volumes begonnen.

Die Schaltfläche *Neue Datenträger automatisch defragmentieren* fehlt in diesem Fenster jedoch.

Weiterhin steht der *Defrag*-Befehl zur Verfügung, der mit dem Parameter *–c* z. B. in einer Administrator-Eingabeaufforderung alle Partitionen eines Vista Computers defragmentiert, sowie die nicht dokumentierte Option *–i*, die bewirkt, dass die Defragmentierung nur durchgeführt wird, wenn der Computer inaktiv ist. Beides wurde durch das SP1 nicht geändert.

3.3 Virtuelle Private Netzwerke (VPN)

Mit Windows Vista SP1 lässt sich eine neue Variante eines VPNs nutzen. Normalerweise werden diese entweder mit dem Protokoll PPTP oder dem Protokoll IPsec/L2TP aufgebaut.

Mit dem Windows Server 2008 hat Microsoft ein neues VPN-Protokoll namens *SSTP* (Secure Socket Tunneling Protocol) in ihren RRAS-Services eingeführt. Doch wo liegen die Vorteile? Die beiden zuerst genannten VPN-Protokolle nutzen bestimmte TCP/IP-Ports, die in vielen Unternehmen durch Firewalls geblockt werden. In aller Regel sind in Firewalls die Ports 80 (http) und 443 (https) jedoch für ein- und ausgehenden Verkehr freigeschaltet. Genau das macht sich SSTP zunutze: Es arbeitet über den Port 443. Für Port-Filtering- und Stateful-Inspection-Firewalls stellt das kein Hindernis dar – lediglich Firewalls, die in der Anwendungsschicht arbeiten, könnten SSTP-Verkehr noch blocken.

Mit SSTP werden PPP-Pakete über den SSL/TLS-Kanal des https-Protokolls gekapselt. Weil PPP benutzt wird, sind auch starke Authentifizierungsmechanismen wie EAP-TLS (für Chip-Karten) einsetzbar.

Der SSL/TLS-Verkehr verwendet X.509-Zertifikate für die Server- und (fakultativ) Client-Authentifizierung.

Mit dem Windows Server 2003 hatte Microsoft übrigens so etwas ähnliches schon mal eingeführt: RPC-über-http(s), das Microsoft-Outlook-Benutzern ermöglichte, eine Verbindung mit einem Exchange-2003-Server über einen Standard-TCP/IP-Port aufzubauen, ohne dass aufwändige VPN-Tunnel-Lösungen hätten implementiert werden müssen.

Damit SSTP funktioniert, muss jedoch im Unternehmen mindestens ein RAS-Server eingerichtet sein, der unter Windows Server 2008 läuft.

Clientseitig wird in der VPN-Verbindungseinstellung entweder der VPN-Typ auf „Automatisch" oder explizit auf „SSTP" eingestellt (siehe Abb. 3.8). Das kann in Unternehmensumgebungen auch durch einen Verbindungs-Manager-Telefonbucheintrag festgelegt werden.

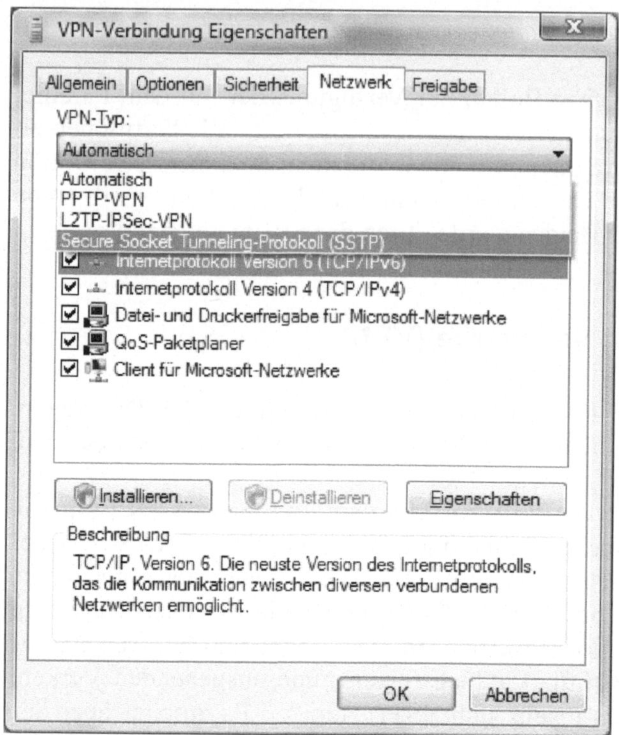

Abb. 3.8. Auswahl des VPN-Typs

Mit dem im April 2008 erschienenen Service Pack 3 wurde SSTP übrigens auch für Windows-XP-Clients verfügbar gemacht.

3.4 Das ExFAT-Dateisystem

Windows Vista SP1 führt ein neues Dateisystem ein. Es wird *exFAT* (Extended File Allocation Table) genannt, und steht auch auf Windows Server 2008 und Windows Mobile-Systemen 6.0 oder höher zur Verfügung.[2]

Von FAT und FAT32 unterscheidet sich exFAT durch seine maximale Partitionsgröße von 2 TB, sowie dass Zugriffssteuerungslisten eingerichtet

---

[2] Ein großer Vorteil für Windows Mobile-Geräte ist bei der Verwendung von exFAT anstelle von FAT, dass sie dann auch das TFAT (Transaction-Safe FAT File System), das wie der Name schon andeutet, Transaktionen unterstützt, und ein Aufsatz auf exFAT ist, nutzen können bei voller Austauschbarkeit der Speichermedien.

werden können und in Verzeichnissen ohne Leistungseinbußen nun auch mehr als 1.000 Dateien sein können. Außerdem können mit ihm Dateien nun größer als 2 (bzw. 4) GB sein und es ist auch für Partitionen > 32 GB geeignet. Letzteres ist eine Größenordnung, in der angesichts des rasanten Kapazitätszuwachses von Flash-Speichern USB-Speichermedien bald vorrücken dürften.

ExFAT ist jedoch nur für Wechseldatenträger (wie USB-Flash-Speicher) Geräte mit integriertem Flash-Speicher verfügbar. Bei Auswahl dieses neuen Dateisystems (im Kontextmenü eines Laufwerks bsp.) fällt auf, dass die Voreinstellung für die Sektorgruppengröße (dort auch als „Zuordnungseinheiten" bezeichnet) 32 KB ist (siehe Abb. 3.9). Das ist natürlich reichlich groß und führt zu viel so genannten *Slack* (ungenutzten Speicher). Die Sektorgruppengröße sollte daher auf 4.096 Bytes, wie es auch die Voreinstellung bei anderen Dateisystemen unter Windows Vista ist, festgelegt werden.

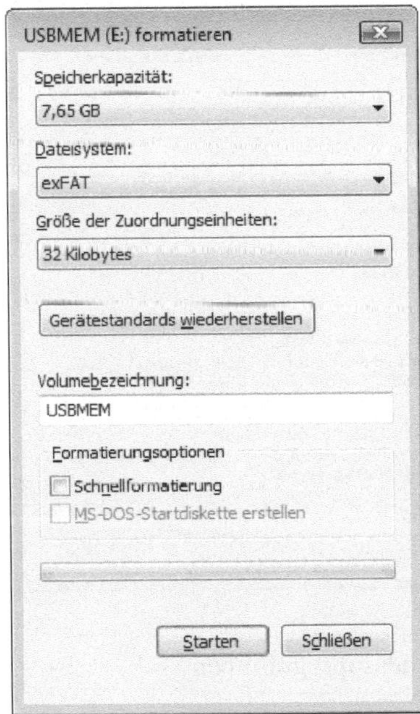

Abb. 3.9. Formatierung mit dem exFAT-Dateisystem

In einer Eingabeaufforderung lässt sich dieses neue Dateisystem beim *Format*-Befehl mit dem Parameter */FS:exFAT* auswählen. Die Größe der

Dateigruppen lässt sich – wie bei jedem anderen Dateisystem auch – über den Parameter */A:<Größe>* festlegen.

3.5 Suchfunktion

Der Punkt *Suchen* ist nach Anwendung des SP1 aus dem Startmenü entfernt worden.[3]

Damit lassen sich auch andere Suchanbieter (z. B. die Google Desktop-Suche) einstellen. Das wird über das Programm *Standardprogramme*, das aus dem Startmenü aufgerufen werden kann, vorgenommen (siehe Abb. 3.10).

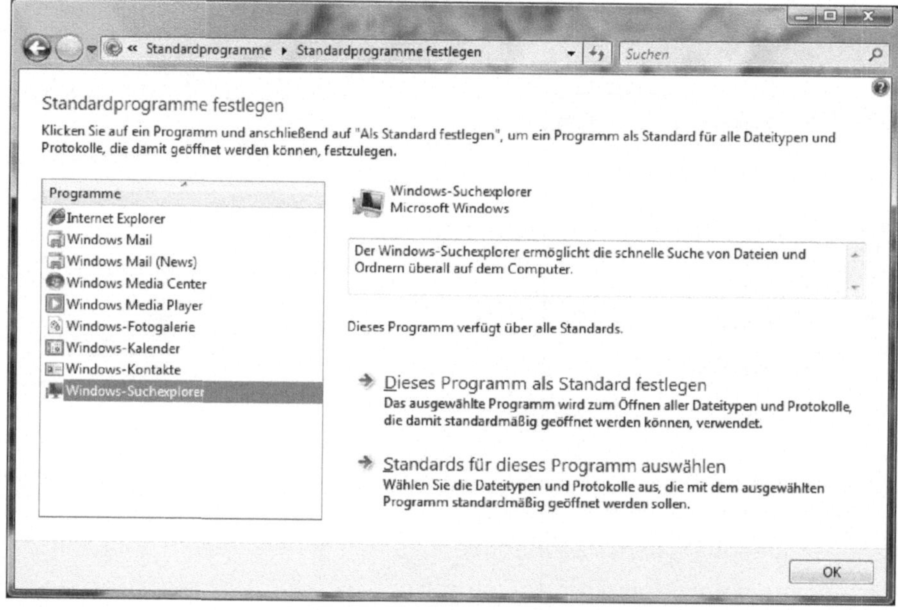

Abb. 3.10. Festlegen des Suchanbieters in den Standardprogrammen

---

[3] Der Hintergrund ist, dass Microsoft damit das Urteil eines verlorenen Gerichtsverfahrens umsetzt, mit dem Google Inc. durchsetzen konnte, dass auch andere Suchanbieter als die von Microsoft in Vista integriert werden können.

3.6 Geräte-Manager-Fehlercodes

Vista SP1 betrifft auch den Geräte-Manager der Computerverwaltung. Wenn ein Gerät nicht aktiviert werden kann, gibt dieser leider einfach einen schlichten, wenig aussagekräftigen Fehlercode aus.

In Tabelle 3.2 sind alle aktuellen Fehlercodes des Gerätemanagers in Windows Vista SP1 mit ihrer Ursachen- und Abhilfenbeschreibung aufgeführt.

Tabelle 3.2. Fehlercodes des Geräte-Managers

Fehlercode	Beschreibung
1	Das Gerät ist nicht richtig konfiguriert. Der Treiber sollte mit der „Treiber aktualisieren"-Funktion erneuert werden.
3	Die Treiberdateien sind beschädigt oder das System hat zu wenig Systemressourcen. Wenn der Gerätetreiber wirklich beschädigt ist, sollte er bei dem betreffenden Gerät deinstalliert und dann die Geräteerkennung mit „Nach neuen Geräten suchen" durchgeführt werden. Ob zu wenig Hauptspeicher zur Verfügung steht, kann bsp. mit dem Task-Manager ermittelt werden.
10	Das Gerät konnte nicht gestartet werden. Das ist ein Standard-Fehlercode, der verwendet wird, falls kein detaillierter Code ermittelt werden kann. Generalisierte Abhilfen sind: Gerät deaktivieren und reaktivieren, Treiber-Update installieren oder einen anderen Steckplatz im Computer für das betreffende Gerät benutzen.
12	Für dieses Gerät stehen nicht genügend Systemressourcen (wie RAM, IRQ, DMA etc.) zur Verfügung. Unter Umständen muss ein anderes Gerät angehalten werden, damit Systemressourcen freigegeben werden.
14	Damit dieses Gerät arbeiten kann, muss zuvor der Computer neu gestartet werden. Dieser Fehler tritt z. B. auf, wenn für ein Gerät gerade neue Treiber installiert wurden oder bestimmte Einstellungen geändert wurden, die nur während des Systemstarts eine Rolle spielen. Nach einem Neustart sollte dieses Problem behoben sein.
16	Windows kann nicht alle Ressourcen erkennen, die dieses Gerät benötigt. Dieser Fehler sollte für PnP-Geräte heutzutage eigentlich nicht mehr auftreten. Falls doch, können über die Registerkarte *Ressourcen* der Geräteeigenschaften sämtliche benötigten Ressourcen manuell eingetragen werden.

18	Die Treiber für dieses Gerät müssen erneut installiert werden. Bei der Installation der Treiber ist ein Fehler aufgetreten. Entfernen und installieren Sie die Treiberdateien erneut.
19	Das Gerät kann nicht gestartet werden, weil die Gerätetreiberinformationen in der Registrierung unvollständig oder beschädigt sind. Abhilfe: Entweder wie bei Code 18 oder Verwendung des vorherigen Treibers.
21	Dieses Gerät wird gerade entfernt. Der Benutzer hat die Funktion „Hardware sicher entfernen" ausgeführt und Windows damit veranlasst, dieses Gerät zu entfernen. Warten Sie einige Sekunden und rufen Sie den Gerätemanager erneut auf. Falls das Gerät dann dort immer noch aufgeführt ist, war der Entfernungsprozess fehlerhaft und Sie sollten einen Neustart durchführen.
22	Dieses Gerät ist deaktiviert. Dieses Gerät wurde im Gerätemanager (oder evtl. in der Registrierung oder sogar BIOS) deaktiviert. Um mit ihm wieder zu arbeiten, sollten Sie es im Gerätemanager (bzw. BIOS) wieder aktivieren.
24	Dieses Gerät ist nicht angeschlossen, arbeitet nicht richtig oder es fehlen Treiberdateien. Eventuell hilft es, neue Treiberdateien zu installieren. Außerdem tritt dieser Zustand auf, nachdem ein Gerät entfernt wurde (siehe Code 21). In diesem Fall hilft ein Neustart.
28	Für dieses Gerät sind keine Treiber installiert. Installieren Sie Treiber über die Funktion „Treiber aktualisieren...".
29	Dieses Gerät ist deaktiviert, weil seine Firmware nicht die benötigten Ressourcen angefordert hat. Aktivieren Sie dieses Gerät während eines Neustarts in seinem Geräte-BIOS.
31	Das Gerät arbeitet nicht richtig, weil Windows den Treiber nicht laden konnte. Installieren Sie einen aktualisierten Gerätetreiber.
32	Ein Dienst, der für dieses Gerät benötigt wird, wurde deaktiviert (d. h. mit dem Dienste-Programm oder in der Registrierung auf *deaktiviert* gesetzt). Sie können den benötigten Dienst wieder aktivieren, den Treiber entfernen und wieder installieren oder ein Treiber-Update installieren.
33	Windows kann nicht erkennen, welche Ressourcen dieses Gerät benötigt. Hier hilft ein Firmware- und/oder Treiber-Update.
34	Windows kann die Einstellungen für dieses Gerät nicht erkennen. Bei PnP-fähigen Geräten sollte dieser Fehler nicht auftreten. Das betreffende Gerät muss wohl über DIP-Schalter oder ein Programm vom Gerätehersteller konfiguriert werden.

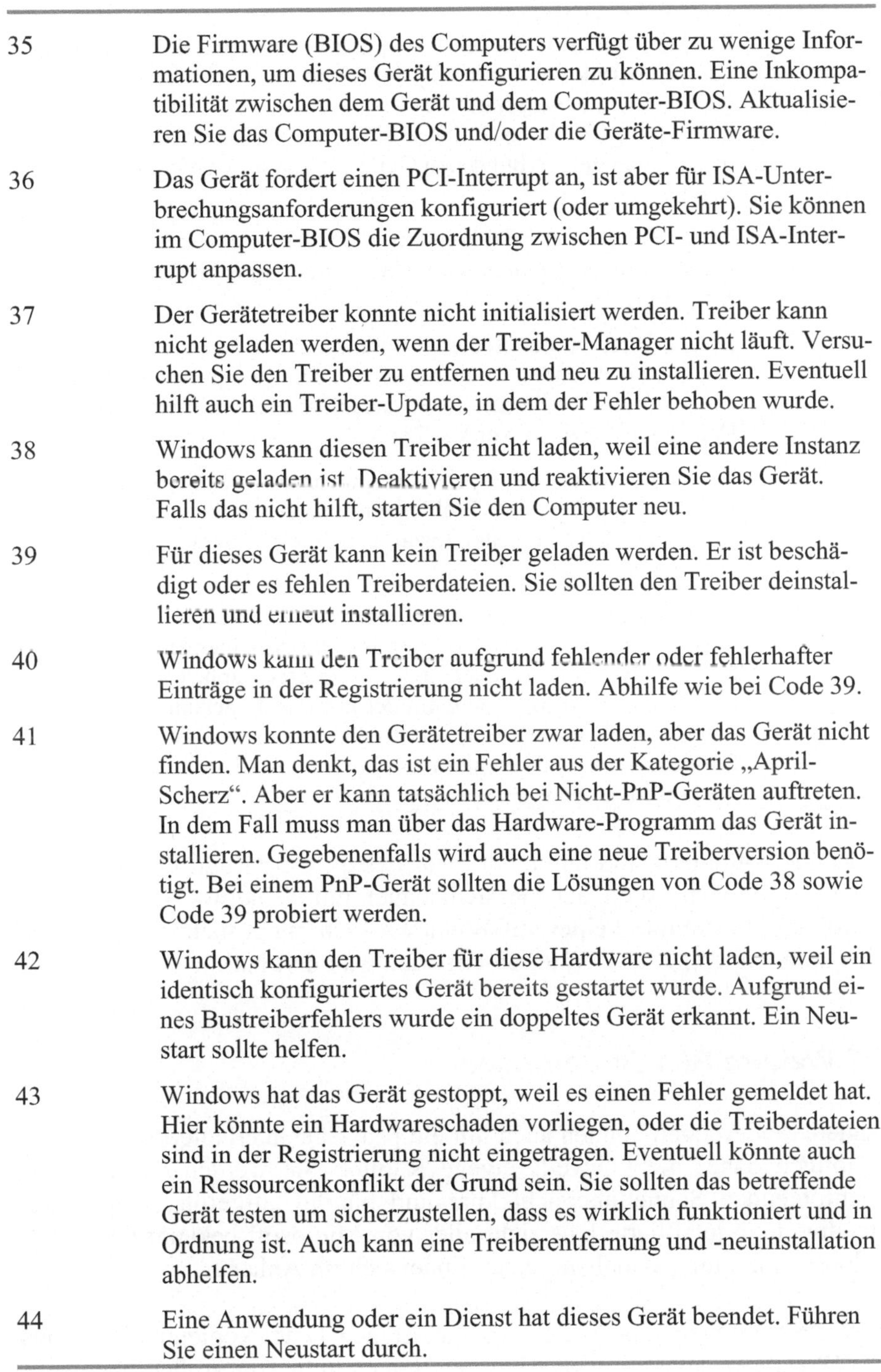

35	Die Firmware (BIOS) des Computers verfügt über zu wenige Informationen, um dieses Gerät konfigurieren zu können. Eine Inkompatibilität zwischen dem Gerät und dem Computer-BIOS. Aktualisieren Sie das Computer-BIOS und/oder die Geräte-Firmware.
36	Das Gerät fordert einen PCI-Interrupt an, ist aber für ISA-Unterbrechungsanforderungen konfiguriert (oder umgekehrt). Sie können im Computer-BIOS die Zuordnung zwischen PCI- und ISA-Interrupt anpassen.
37	Der Gerätetreiber konnte nicht initialisiert werden. Treiber kann nicht geladen werden, wenn der Treiber-Manager nicht läuft. Versuchen Sie den Treiber zu entfernen und neu zu installieren. Eventuell hilft auch ein Treiber-Update, in dem der Fehler behoben wurde.
38	Windows kann diesen Treiber nicht laden, weil eine andere Instanz bereits geladen ist. Deaktivieren und reaktivieren Sie das Gerät. Falls das nicht hilft, starten Sie den Computer neu.
39	Für dieses Gerät kann kein Treiber geladen werden. Er ist beschädigt oder es fehlen Treiberdateien. Sie sollten den Treiber deinstallieren und erneut installieren.
40	Windows kann den Treiber aufgrund fehlender oder fehlerhafter Einträge in der Registrierung nicht laden. Abhilfe wie bei Code 39.
41	Windows konnte den Gerätetreiber zwar laden, aber das Gerät nicht finden. Man denkt, das ist ein Fehler aus der Kategorie „AprilScherz". Aber er kann tatsächlich bei Nicht-PnP-Geräten auftreten. In dem Fall muss man über das Hardware-Programm das Gerät installieren. Gegebenenfalls wird auch eine neue Treiberversion benötigt. Bei einem PnP-Gerät sollten die Lösungen von Code 38 sowie Code 39 probiert werden.
42	Windows kann den Treiber für diese Hardware nicht laden, weil ein identisch konfiguriertes Gerät bereits gestartet wurde. Aufgrund eines Bustreiberfehlers wurde ein doppeltes Gerät erkannt. Ein Neustart sollte helfen.
43	Windows hat das Gerät gestoppt, weil es einen Fehler gemeldet hat. Hier könnte ein Hardwareschaden vorliegen, oder die Treiberdateien sind in der Registrierung nicht eingetragen. Eventuell könnte auch ein Ressourcenkonflikt der Grund sein. Sie sollten das betreffende Gerät testen um sicherzustellen, dass es wirklich funktioniert und in Ordnung ist. Auch kann eine Treiberentfernung und -neuinstallation abhelfen.
44	Eine Anwendung oder ein Dienst hat dieses Gerät beendet. Führen Sie einen Neustart durch.

45	Das Gerät ist nicht mit dem Computer verbunden. Diese Fehlermeldung ist harmlos und tritt z. B. auf, wenn der Geräte-Manager mit gesetzter Umgebungsvariable DEVMGR_SHOW_NONPRESENT_DEVICES, mit der alle jemals installierten und verbundenen Geräte angezeigt werden, aufgerufen wurde.
46	Dieses Gerät kann nicht kontaktiert werden, weil das Betriebssystem gerade heruntergefahren wird. Nach einem Neustart steht es wieder zur Verfügung.
47	Dieses Gerät wurde mit dem Programm „Hardware sicher entfernen" bereits beendet, ist aber noch mit dem Computer verbunden. Entfernen und verbinden Sie es danach wieder mit Ihrem Rechner. Dann steht es wieder zur Verfügung.
48	Wegen bekannter Inkompatibilitäten wurde dieses Gerät nicht gestartet. Es gibt bekannte Probleme mit dieser Hardware (z. B. Abstürze bzw. Blue Screens). Installieren Sie eine aktualisierte Treiberversion.
49	Windows kann keine weiteren Geräte mehr starten, weil der System-Hive in der Registrierung zu groß ist. Dieser Fehler tritt nur sehr selten auf! Das Entfernen nicht mehr benötigter Geräte (und damit auch ihrer Treiber), insbesondere mit der in Code 45 genannten Umgebungsvariable gibt Speicher der Registrierung frei und sollte dieses Problem lösen. Falls nicht, muss eine Neuinstallation des Betriebssystems in betracht gezogen werden.

Einige Nummern sind nun nicht mehr belegt. Der Grund für diese „Lücken" ist einfach: Weil der Gerätemanager mit Windows 95 eingeführt wurde und bestimmte Fehler auf Windows Vista nicht mehr zutreffen (da sich unter anderem das Gerätetreibermodell geändert hat).

3.7 Weitere SP1-Änderungen

Andere Änderungen können auch mit ein paar Sätzen erläutert werden und benötigen daher nicht jeweils eigene Kapitel. Sie werden daher in der nachfolgenden Schnellübersicht kurz und bündig aufgeführt. Eine vollständige und detaillierte Übersicht aller von Microsoft bekannt gegebener Fehlerbereinigungsaktualisierungen findet sich im Anhang.

- Verbesserungen gibt es bei den Funktionen Datei kopieren, Datei aus ZIP-Dateien entpacken und bei der Behandlung von großen Dateien –

sowohl lokal als auch über Netzwerkverbindungen. Zuvor war dabei mangelnde Performance festzustellen: Manche Kopiervorgänge schienen endlos lange zu dauern. Dieser Fehler trat insbesondere während der gleichzeitigen Wiedergabe von Musikstücken und Videos auf.

- Auf einigen Systemen musste ca. 10 Sekunden lang zwischen dem Drücken von Strg+Alt+Entf und dem Erscheinen des Anmeldefensters gewartet werden. Dieser Fehler wurde behoben.

- Ebenfalls wurde die Zeitverzögerung, die auf Computern mit aktiviertem Foto-Bildschirmschoner bei der Rückkehr zur Anwendersitzung auftrat, beseitigt.

- Der Reduced Functionality Mode (RFM) wurde geändert. Vorher konnte mit einem Vista-System nach Ablauf der Aktivierungsfrist nicht mehr gearbeitet werden. Der RFM des SP1 ähnelt nun einem *nagging mode*, bei dem sehr häufig darauf hingewiesen wird, dass die Aktivierung noch vorgenommen werden muss, aber man kann wenigstens weiterarbeiten. Das ist nicht zuletzt wichtig in Unternehmensumgebungen, in denen viele Systeme beim Ausfall des KMS (Key Management Servers) in den RFM versetzt würden.

- Die Unterstützung von Secure Digital (SD) Advanced Direct Memory Access (ADMA)-Controllern, einem neuen Standard für SD-Flash-Karten, wurde eingeführt. Dieser Modus verbessert den Zugriff auf SD-Flash-Speicher deutlich und verringert die CPU-Last.

- Unterstützung von nun ca. 2,2 Mio. Geräten, die an Computersysteme mit Vista angeschlossen werden können. Im Vergleich dazu: Im November 2006, als Vista für Unternehmenskunden erschien, waren es rd. 1,5 Millionen.

- Neue Unterstützung von IEEE 802.11n-Geräten – entsprechend der vorläufigen Version dieses Standards für WLAN-Komponenten.

- HD-DVD- und Blu-ray-Laufwerke werden im Explorer nun deutlicher als solche durch neue Symbole dargestellt.

- Die Direct3D-API wurde auf die Version 10.1 aktualisiert, was Verbesserungen für 3D-Grafikkarten und Spieleentwickler bedeutet. Im DxDiag-Tool (DxDiag.exe) wird jedoch weiterhin „DirectX 10" angezeigt, weil nur dieser eine Bestandteil aktualisiert wurde.

- Für 64-Bit-Systeme wurde die Unterstützung für den BIOS-Nachfolger UEFI (Unified Extensible Firmware Interface) eingeführt sowie die EFI-Unterstützung und der Netzwerkstart für EFI-Systeme ermöglicht.

- In den Vista-Home-Premium und -Ultimate-Versionen stehen als neue Windows Media Center Extender-Typen nun auch digitale Fernsehgeräte und DVD-Wiedergabegeräte mit Ethernet-Anschluss zur Verfügung.

- Für Remote Desktop und seinem RDP (Remote Desktop Protocol) wurde für Bilder ein anderer Algorithmus mit stärkerer Kompression entwickelt. Durch diesen (er ist über eine Gruppenrichtlinieneinstellung wählbar) wird ca. eine Bandbreitenersparnis von ca. 25–60 % erreicht.

- Durch SP1 wird eine Unterstützung von Chipkartenlesegeräten, die keine PIN (Personal Identification Number), sondern Biometrie benutzen, eingeführt.

- IPsec kann nun auch die Kryptografiealgorithmen SHA-256, AES-GCM, AES-GMAC bei ESP und AH nutzen, sowie für IKE und AuthIP ECDSA, SHA-256 und SHA-384.

- NAP-Clients können mit dem SP1 nun auch so konfiguriert werden, dass sie Updates von Windows Update bzw. Microsoft Update zusätzlich oder neben unternehmensinternen WSUS-Updates beziehen können.

- Die Zeitdauer des NAP-„Gesundheitsstatus" der Clients ist jetzt spezifizier- bzw. änderbar.

- Falls keine „Health Registration Authority" (HRA) durch Gruppenrichtlinien oder lokale Konfiguration vorgegeben ist, können Clients diese nun auch per DNS Servereinträge finden.

- Mitarbeiter des Benutzerservices und Administratoren können nun auch Verbindungen über IPsec zu „ungesunden" (engl.: „unhealthy") NAP-Clients aufbauen, um Probleme zu beseitigen.

- Neue, zertifizierte Authentifizierungsprotokolle, die das EAP (Extensible Authentication Protocol) erweitern, können mit SP1 nach ihrem Erscheinen nun auch über Windows Update installiert werden. Das erleichtert den Bereitstellungsprozess für zukünftige EAP-Erweiterungen.

- Bei Betriebssystem-Aktualisierungen gibt es nun wesentlich weniger erforderliche Neustarts (engl.: *reboots*), weil mit dem Service Pack 1 eine Funktion namens „Hot-Patching" eingeführt wurde, die mit geeigneten Aktualisierungspaketen auch laufende Prozesse und Dienste sowie geöffnete Dateien aktualisieren kann. In diesen Fällen war vormals stets ein Neustart erforderlich.

- 64-Bit-Vista-Versionen können jetzt auch von 32-Bit-Vista-Versionen installiert werden. Obwohl vorher dazu ebenfalls ein 64-Bit-Windows erforderlich war, klingt diese Neuerung nicht besonders bedeutend. Ist sie aber, denn Administratoren müssen nun nur noch *ein* (!) WinPE-Abbild, das 32-bittig ist, bereitstellen und warten. Zuvor waren dazu zwei Abbilder erforderlich. Dieses kann zudem nun auch für Installationen auf sowohl BIOS- wie EFI-Systemen verwendet werden.

- Apropos WinPE: Dieses kann mit SP1 auf Wunsch nun auch auf einer versteckten Partition (z. B. von OEMs eingerichtet) nach für ein bestimmtes Gerät erforderliche Treiber suchen.

- Geändert hat sich auch die Anzeige (z.B. im System-Programm) des installierten Speichers: SP1 meldet nun stets den *installierten* (!) (und nicht mehr den für Vista *verfügbaren*) Speicher. Also installierte, physische 4 GB werden jetzt auch als *4 GB* gemeldet und nicht mehr als ca. 3,1 - 3,5 GB wie zuvor.

- Oftmals dauerte der Aufruf der Ereignisanzeige lange. Die Performance der Ereignisanzeige wurde mit dem SP1 erhöht.

- Durch Reduktion der CPU-Last und der Häufigkeit des Bildschirmneuaufbaus ergab sich bei Tests an Notebooks im Mittel eine um ca. 7 % längere Laufzeit im Akkubetrieb.

- Im Bereich der Benutzerkonten hat sich auch etwas geändert: Anwender(innen) müssen nun zusätzlich einen „Kennworthinweis" angeben, weil Benutzer(innen) zuvor einfach zu oft ihre Kennwörter vergessen haben. Ein sinnvolles Feature, denn bekanntlich hat eine Kennwortrücksetzung durch einen Administrator eine Menge schädliche Seiteneffekte.

- Mit der Option „Wiederherstellungsdatenträger erstellen" kann jetzt eine DVD erstellt werden, von der sich das System auch ohne Windows-Datenträger reparieren oder neu aufsetzen lässt.

- Das in Vista integrierte Dateisicherungsprogramm kann jetzt auch mit EFS verschlüsselte Dateien sichern und wiederherstellen.

- Probleme mit externen Monitoren bei Laptops wurden beseitigt.

- Die Kompatibilität mit Druckertreibern wurde verbessert.

- Störungen beim Wechseln von und in den Ruhezustand wurden beseitigt.

- Probleme im Netzwerk, die überwiegend bei SMB-v2-Verbindungen auftraten, wurden beseitigt.

- In Unternehmensnetzwerken kann der für die Aktivierung von Volumenlizenzschlüsseln nötige Key Management- (KMS-) Server nun auch in einer virtuellen Maschine ausgeführt werden.

Anhang

A. Detaillierte Liste der im SP1 behobenen Fehler

Das Service Pack 1 enthält viele Aktualisierungen, die vorher schon für die Allgemeinheit verfügbar (z. B. über Windows Update) waren (89 Stück), aber auch viele mehr, die nur im Rahmen von Unternehmensunterstützungsverträgen bzw. nur auf besondere Anforderung vom Microsoft Product Service Support (PSS) erhalten werden konnten (390 Stück), sowie weitere Änderungen, für die kein Knowledgebase-Artikel angefertigt wurde und über die Microsoft sich ausschweigt, und die somit gar nicht in dieser Übersicht enthalten sind (bzw. auch gar nicht sein können).

In der Tabelle A.1 werden die im Service Pack 1 enthaltenen Aktualisierungen mit einer stichwortartigen, deutschen Beschreibung, welche Anfälligkeit behoben wird, aufgelistet – die Beschreibungen hat der Autor übrigens zwecks besserer Verständlichkeit der ansonsten nur maschinell „übersetzten" Beschreibungen dabei selbst ins Deutsche übertragen.

Im SP1 hat Microsoft jedoch nur die Aktualisierungen, die bis zwei Monate vor dem SP1-Erscheinungsdatum veröffentlicht wurden, aufgenommen.

Für eine detaillierte Beschreibung können die Knowledge-Base-Artikel in mehreren Sprachen jeweils unter ihrer URL, die in der Form http://support.microsoft.com/kb/<Artikelnummer> (z. B. http://support.microsoft.com/kb/843289) aufgebaut ist, aufgerufen und angesehen werden. Für die deutschsprachige Beschreibung (sofern vorhanden), wird ein „/de" an die URL angehängt.

Tabelle A.1. Microsoft Knowledgebase Artikel-IDs der im SP1 enthaltenen Aktualisierungen

Knowledge-Base-Artikel	Fehlerbeschreibung
843289	Die Einstellungen des Proxy-Servers sind im Internet Explorer nicht richtig festgelegt, nachdem ein Proxy-Skript heruntergeladen wurde, welches die Codierung von Blöcken verwendet
870853	Office 2003-Dokumente werden im Internet Explorer schreibgeschützt geöffnet
884534	Der Internet Explorer reagiert möglicherweise nicht mehr und die CPU-Last beträgt 100 %, wenn das Anzeigeformat für das DIV HTML-Element in einer Button-onClick-Funktion auf „Kein" festgelegt wurde
889333	Beim Drucken einer Webseite in Internet Explorer 6 oder Internet Explorer 7 wird eine falsche Anzahl von Seiten in der Druckerwarteschlange angezeigt
905866	Beschreibung des Junk-E-Mail- und Phishing-Filter-Definitionsupdates für Windows Mail
906473	Ein neues Fenster wird jedes Mal geöffnet, wenn auf eine Verknüpfung geklickt wird, deren Ziel in einer Web-Browser-Steuerelement-Anwendung liegt
922498	STOP-Fehler 0x0000000A oder 0x000000BE bei der Benutzung eines Scanners mit IEEE-1394-Schnittstelle in Windows XP 64-Bit oder Windows Server 2003
925255	Erhöhter Energieverbrauch beim Anzeigen einer Animation in einem WPF-Programm in Windows Vista
925271	Ein Toshiba Tablet PC mit Windows XP mit Service Pack 2 reagiert nicht mehr, wenn Sie versuchen, einen Befehl in einer Eingabeaufforderung auszuführen
925272	Die XML-Serialisierung kann einige optionale Elemente eines XSD-Schemas im .NET Framework 2.0 verlieren
925369	Ein Windows-Formular funktioniert möglicherweise nicht wie erwartet, wenn Sie in einer COM-Client-Anwendung die Show-Methode verwenden, um das Formular auf einem Computer anzuzeigen, auf dem das .NET Framework 2.0 ausgeführt wird
925492	Die Fehlermeldung „Benutzerdefinierte Anwendung ‚MSDiscoCodeGenerator' ist fehlgeschlagen" erscheint,

	wenn einem Projekt in Visual Studio 2005 ein Webverweis hinzugefügt wird
925528	Ein STOP-Fehler tritt auf einem Windows-basierten Computer auf, der über 2 GB oder mehr RAM hat und einen NVIDIA-nForce-USB-Controller benutzt
925832	Fehlermeldung „Die Datei, die Sie downloaden, kann nicht von dem Standardprogramm geöffnet werden" erscheint, wenn eine Datei im Internet Explorer 6 oder Internet Explorer 7 geöffnet wird, die einen benutzerdefinierten MIME-Typ verwendet
925876	Remotedesktopverbindung 6.0-Clientupdate
925902	MS07-017: Sicherheitslücke in GDI kann Remotecodeausführung ermöglichen
926131	Ein web-basiertes Programm kann ein externes Stylesheet nach der Installation des Sicherheitsupdates 916281 auf einem Windows XP-Computer nicht importieren
926425	Die Fehlermeldung „Beim Ausführen des Stapelverarbeitungsprogramms trat ein Fehler auf" erscheint, wenn Daten von einer Spalte mit einem XML-Datentypen oder einer Variablen des XML-Datentypen in SQL Server 2005 abgefragt werden
927084	Die Fehlermeldung „Restricted Content - Display Driver" erscheint während des Sehens von Live-TV in Windows Media Center auf einem Windows Vista-basierten Computer
927341	Die Disk-Verwaltungsfunktion des Windows Media Centers reagiert nicht mehr nachdem ein Windows Vista-basierter Computer aus dem Ruhezustand oder Energiesparmodus reaktiviert wurde
927546	Es werden nur maximal vier verfügbare drahtlose Netzwerkverbindungen in Windows XP oder Windows Vista angezeigt, wenn ein drahtloser USB-Netzwerkadapter verwendet wird
928089	Der Computer reagiert eventuell sehr langsam, während der Phishingfilter den Webseiteninhalt in Internet Explorer 7 überprüft
928090	MS07-016: Zusammengefasstes Sicherheitsupdate für Internet Explorer

928135	Ein Windows Vista-basierter Computer reagiert möglicherweise nicht mehr, wenn er aus dem Ruhezustand reaktiviert wird und die Gerätekonfiguration im Ruhezustand geändert wurde
928188	Programme, die mit Tinten arbeiten, funktionieren möglicherweise nicht richtig auf einem Digitizer in Windows Vista, wenn dieser mit einem Stift bedient wird
928253	Optische SATA-Laufwerke sind nach dem Start eines Windows Vista-basierten Computers nicht verfügbar
928365	Hinweise zum Sicherheitsupdate zu .NET Framework 2.0 für Windows Server 2003, Windows XP und Windows 2000 vom 10.07.2007
928387	Internet Explorer 6 reagiert nach dem Klicken auf einen Link in einer Website nicht mehr
928439	Beschreibung des Windows PowerShell-1.0-Installationspakets für Windows Vista
928494	InfoPath 2003 stürzt ab, wenn in einem Formular in ein Datumsauswahlsteuerelement geklickt und danach die Pfeil-nach-links-Taste gedrückt wird
928570	Ein Zugriffsverletzungsfehler tritt auf, wenn Windows Vista mit der Flat-File-Startmethode von einem Abbild Windows PE 2.0 gestartet wird
928631	Ein USB-Gerät funktioniert möglicherweise nicht mehr richtig, nachdem Windows Vista vom Ruhezustand oder Energiesparmodus fortgesetzt wird
928870	Eine Ausnahme wird bei der Verwendung eines Try-Catch-Blocks zur Behandlung von Ausnahmen bei Multi-Threads in .NET 2.0 nicht korrekt behandelt
929011	Windows Media Center konfiguriert einen Kombi-TV-Tuner für ATSC und NTSC auf einem Windows Vista-basierten Computer nicht richtig
929123	MS07-034: Zusammengefasstes Sicherheitsupdate für Outlook Express und Windows Mail
929399	Die Abonnementsdienste können auf einem Computer, auf dem das Windows Media Format 11 SDK installiert ist, die Messungsdaten von einem tragbaren Gerät nicht extrahieren, welches Messungen unterstützt

929427	Informationen zur Windows Vista-Anwendungskompatibilitäts-Aktualisierung (Juli 2007)
929451	Wenn sich die GUID eines Netzwerkadapters ändert, registriert ein Client-Computer, auf dem Windows Vista ausgeführt wird, eine alte IP-Adresse
929478	Auf einem Windows Vista-basierten tragbaren Computer kann es passieren, dass ein integriertes optisches Laufwerk nicht erneut verbunden werden kann, nachdem es mit der Option „Hardware sicher entfernen" entfernt wurde
929547	Einige Anwendungen und Dienste scheinen 15 Sekunden lang nicht mehr zu reagieren, nachdem ein Windows-Filtering-Platform-Treiber auf einem Windows Vista-basierten Computer installiert wurde
929550	Ein PCI Express-Card-Gerät, das an einen tragbaren Windows Vista-Computer angeschlossen wird, funktioniert möglicherweise nicht richtig
929577	Ein Bluetooth-Gerät funktioniert möglicherweise nicht mehr richtig, wenn ein Windows Vista-basierter Computer aus dem Ruhezustand aufgeweckt wird
929615	Der Ton wird eventuell nicht in der gewünschten Sprache wiedergegeben, wenn Windows Media Center verwendet wird, um in Windows Vista TV zu sehen
929637	Die Fehlermeldung „STOP 00000050" wird während des Windows-Vista-Starts ausgegeben, wenn das Nero InCD-Programm installiert ist und die „Pool" Sonder-Funktion in dem Dienstprogramm für Treiberüberprüfung aktiviert ist
929685	Ein High Definition Audio-Gerät funktioniert möglicherweise nicht mehr, nachdem Sie Windows Vista aus dem Ruhezustand oder Bereitschaftsmodus reaktiviert und den Computer anschließend neu gestartet haben
929734	Probleme können auftreten, nachdem ein Windows Vista-basierter Computer aus dem Ruhezustand oder dem Energiesparmodus reaktiviert wird
929735	Die gewünschten Dateien können möglicherweise nicht gefunden werden, wenn in Windows Vista mithilfe der erweiterten Suche eine datumsbezogene Suche durchgeführt und ein nicht-gregorianischer Kalender verwendet wird

929761	Wenn Wusa.exe mit der /quiet-Option ausgeführt wird, schlägt die Installation bestimmter Software auf einem Windows Vista-basierten Computer fehl
929762	„Stop 0x000009F DRIVER_POWER_STATE_FAILURE"-Fehlermeldung beim Reaktivieren eines Windows Vista-Computers, an dem ein IEEE 1394-Gerät angeschlossen ist
929763	Die Version 5.00 der mongolischen Schrift Baiti wird möglicherweise falsch in Windows Vista angezeigt
929777	Fehlermeldung „STOP 0x0000000A" beim Versuch Windows Vista auf einem Computer mit mehr als 3 GB RAM zu installieren
929790	DVD-Videos, die in einem Niveus Disk-Wechsler enthalten sind, werden in Windows Media Center auf einem Windows Vista-basierten Computer nicht angezeigt, nachdem auf „DVD-Bibliothek" geklickt wurde
929798	Windows Internet Explorer 7 erkennt in Windows Vista oder Windows XP möglicherweise die Zone nicht korrekt, zu der eine Netzwerkressource gehört, wenn Sie auf die Ressource mittels einer zugeordneten Laufwerksfreigabe zugreifen
929824	Windows Vista kann sich nicht mit verbindungslosen Adressen verbinden wenn die Standard-Gateway-Adresse dieselbe ist wie die Client-IP-Adresse
929909	Ein Windows Vista-basierter Computer, der den Mobile Intel 945 GM Express Chipsatz verwendet, kann gelegentlich nicht aus dem Ruhezustand aufwachen
929913	Ein Fehler wird in der Setuperr.log-Datei eingetragen, wenn der Befehl „Sysprep –reseal" auf einem Windows Vista-basierten Computer ausgeführt wird
929916	Hinweise zum Sicherheitsupdate zu .NET Framework 2.0 für Windows Vista vom 10.07.2007
930163	Unter Windows Vista kann nicht auf Ressourcen auf einem Remote-VPN-Server zugegriffen werden, wenn bei einer Netzwerkverbindung von einem Netzwerkadapter zu einem anderen gewechselt und anschließend eine VPN-Verbindung gewählt wird
930178	MS07-021: Sicherheitslücke in Windows CSRSS kann Remotecodeausführung ermöglichen

930193	Fehlermeldung „Ein schwerwiegender Fehler ist aufgetreten" wenn der Sysprep-Befehl auf einem Windows Vista-basierten Computer ausgeführt wird
930194	Ein Computer, der ein SiI PATA-Chip verwendet, erkennt ein optisches verbundenes Laufwerk möglicherweise nicht als ein Laufwerk, das Aufzeichnungen unterstützt, nachdem Windows Vista installiert wurde
930261	In unregelmäßigen Abständen wird eine „STOP 0X0000000A"-Fehlermeldung in Storport.sys beim Start von Windows Vista auf einem System mit nVidia-Chipsatz und mindestens 4 GB RAM angezeigt
930311	Gelegentliche Fehlermeldung auf einem Windows Vista-basierten tragbaren Computer, der aus dem Ruhezustand aufgewacht ist, um netzwerkbezogene Aufgaben durchzuführen: „STOP 0x0000007E"
930451	Die Internetinformationsdienste 7.0 entfernen benutzerdefinierte Werte in der Datei Web.config
930495	Ein IEEE-1394-Gerät ist nicht mehr verfügbar, nachdem ein Windows Vista-basierter Computer aus dem Ruhezustand aufgewacht ist oder das Gerät erneut verbunden wurde
930517	Hinweis „Verbunden mit eingeschränktem Zugriff" wird ausgegeben, wenn ein Gerät auf einem Windows Vista-basierten Computer eine Netzwerkbrücke verwendet, um auf das Netzwerk zuzugreifen
930568	Fehlermeldung „STOP 0x000000FE BUGCODE_USB_DRIVER" während des Versuchs, einen Windows Vista-basierten Computer in den Ruhezustand oder in den Energiesparmodus zu bringen
930570	Fehlermeldung „STOP 0x00000044" im Usbhub.sys-Prozess, wenn ein Windows Vista-basierter Computer aus dem Ruhezustand oder dem Energiesparmodus aufgeweckt wird
930585	Die Großbuchstaben „Ţ" and „Ş" werden innerhalb von Wörtern anstelle der Kleinbuchstaben in der rumänischen Version von Windows Vista angezeigt
930597	Einige Einstellungen von registrierungsbasierten Richtlinien gehen verloren und Fehlermeldungen werden im Anwendungs-Protokoll auf einem Windows-XP- oder einem Windows Vista-basierten Computer protokolliert

930618	Auf Dateien einer Speicherkarte, die sich in dem integrierten Speicherkartenlesegerät eines Netzwerkdruckers befindet, kann nicht zugegriffen werden und die Fehlermeldung „\\<IP-Adresse>\memory _card bezieht sich auf eine Position, die nicht verfügbar ist" wird in Windows XP SP2 oder Windows Vista angezeigt
930627	Möglicherweise sind die privaten Daten der DEVMODE-Datenstruktur beschädigt, wenn Sie unformatierten Modus verwenden, um ein Dokument in einer 32-Bit-Anwendung auf einem Computer, auf dem eine 64-Bit-Version von Windows ausgeführt wird, zu drucken
930819	Windows Image Acquisition (WIA) reagiert in Windows Vista möglicherweise nicht mehr
930828	Ein modales Visual-Basic-6.0-Formular ist nicht mehr modal, wenn das Formular aus einem Benutzersteuerelement in Internet Explorer 7 angezeigt wird
930857	Ein Update für die Windows-Fehlerberichterstattung in Windows Vista ist verfügbar, um sicherzustellen, dass Problemberichte nur versendet werden, nachdem Sie die Berechtigung dazu erteilt haben
930883	Programme, die Audio wiedergeben, funktionieren nicht mehr und doppelte Einträge werden in der Default-Format-Audioformatliste in Windows Vista angezeigt
930917	Ein optischer Datenträger scheint leer zu sein, nachdem er unter Verwendung der Live File System Komponente auf einem Windows Vista-basierten Computer formatiert wurde
930955	Das Programm „Moveuser.exe" aus der technischen Referenz ist mit Windows Vista nicht kompatibel und wird durch die neue WMI-Funktion „Win32_UserProfile" ersetzt
930979	Die Fehlermeldung „STOP 0x0000007E" wird angezeigt, nachdem die BitLocker-Laufwerksverschlüsselung in Windows Vista aktivieren wurde
931099	Update für Windows Defender unter Windows Vista
931174	Aktualisierung des Programms zur Verbesserung der Benutzerfreundlichkeit von Vista Windows
931195	Die Fehlermeldung „1003 ERROR_CAN_NOT_COMPLETE" wird ausgegeben,

	wenn eine Anwendung versucht, Internet Explorer 7 zu verwenden um ein Proxy-Konfigurationsskript zu laden
931213	MS07-032: Eine Sicherheitslücke in Windows Vista kann ggf. die Offenlegung von Informationen ermöglichen
931263	Die Festplattenaufzählungsoptimierungen werden auf bestimmten Windows Vista-basierten Computern deaktiviert, die einen Schacht für austauschbare Laufwerke haben
931278	Internet Explorer 7 reagiert nach der Änderung der Größe eines Frames nicht mehr
931324	Die Fehlermeldung „Internet Explorer ist auf ein Problem gestoßen und muss beendet werden" erscheint, wenn eine Web-basierte Anwendung, welche die Window.External-Eigenschaft des Internet Explorers 7 benutzt, aufgerufen wird
931338	Die Fehlermeldung „Konnte Datei oder Assembly '<AssemblyName'> oder seiner Abhängigkeiten nicht laden" wird ausgegeben, wenn in einer .NET Framework 2.0 ASP.NET-Web-Anwendung DEVPATH-Umgebungsvariablen verwendet werden
931365	Fehlermeldung „STOP 0x000000D1 DRIVER_IRQL_NOT_LESS_OR_ EQUAL", wenn eine IPSec-Tunnel-Modus-Verbindung zum Kommunizieren von einem Windows Vista-basierten Computer mit einem anderen Computer verwendet wird
931369	Der Installationsvorgang von Windows Vista kann auf einem System, das einen ATI SB600-Series Chipsatz verwendet, mehrere Stunden in Anspruch nehmen
931573	Sie werden möglicherweise dazu aufgefordert, Windows Vista auf einem Computer zu aktivieren, auf dem Windows Vista bereits über eine Volumenlizenz- oder eine OEM-Installation aktiviert wurde
931619	Wenn Sie auf das Symbol „Hardware sicher entfernen" in Windows Vista klicken, wird das betreffende Gerät möglicherweise nicht wie erwartet entfernt
931621	Nur der interne Speicher steht beim Synchronisieren von Inhalten zwischen Windows Media Player 11 und einem Windows Mobile 5-Gerät mit AKU 2.3 oder einer höheren Version von AKU zur Verfügung
931654	Die Fehlermeldung „Die Formatierung konnte nicht abgeschlossen werden" wird ausgegeben, wenn ein Datenträ-

	ger mit der Live-Dateisystem-Komponente auf einem Windows Vista-basierten Computer formatiert wird
931657	Der E-Mail-Nachrichtenkopf wird beim Ausdruck einer E-Mail-Nachricht in Microsoft Office Outlook 2003 oder Microsoft Outlook Express nicht gedruckt
931671	Die Fehlermeldung „STOP 0x0000009F DRIVER_POWER_STATE_ FAILURE" wird ausgegeben, wenn ein Windows Vista-Computer in den Standbymodus versetzt werden soll, während eine PPP-Verbindung aktiv ist
931674	Ein WSD-basierter Scanner-Treiber kann möglicherweise nicht verwendet werden, um eingescannte Daten in Windows Vista zu übertragen
931675	Die Fehlermeldung „Ein Problem hinderte Windows an dem Speichern der Einstellungen" wird während der Verwendung eines WSD-basierten Scanner-Treibers in Windows Vista ausgegeben
931689	Chkdsk.exe kann fehlerhafte Cluster oder Sektoren auf einem Windows-Server-2003-basierten Computer nicht erkennen, wenn eine komprimierte Datei größer als 4 Gigabyte (GB) ist
931756	Multimedia-Dateien, die 30 Minuten oder länger sind, werden länger als die Zeit wiedergegeben, die im Dauer-Element in einer Windows-Media-Player-11-Wiedergabe-Liste für Inhalte angegeben ist
931768	MS07-027: Zusammengefasstes Sicherheitsupdate für Internet Explorer
931770	Der Kopier-Prozess reagiert möglicherweise nicht mehr während Dateien von einem Server in einem Netzwerk auf einem Windows Vista-basierten Computer kopiert werden
931812	Das Sony VAIO-Camera-Capture-Utility (VCCU) funktioniert auf einem Windows Vista-basierten Computer möglicherweise solange nicht richtig bis es neu gestartet wird
931836	Zusammengefasstes Zeitzonenupdate für Microsoft Windows-Betriebssysteme vom Februar 2007
931936	Falsche Angaben werden in der Aufzeichnungsgeschwindigkeiten-Liste im „Auf Disk brennen"-Fenster angezeigt, wenn eine DVD auf einem Windows Vista-basierten Computer gebrannt werden soll

931967	Audio wird in Live TV oder auf einer DVD in Windows Media Center nicht wiedergegeben nachdem ein Computer, auf dem Windows Vista Home Premium oder Windows Vista Ultimate ausgeführt wird, aus dem Ruhezustand aufgeweckt wurde
931969	Die Microsoft Software Lizenzbedingungen werden in einer falschen Sprache angezeigt, wenn sie in einem Programm in Windows Vista aufgerufen werden
932030	Die Miniportbegrenzung des PassThru Intermediate Driver aus dem Windows Driver Kit wird von Windows Vista fälschlicherweise als ein WLAN-Adapter erkannt
932044	Eine Website kann in Internet Explorer 7 kein Cookie setzen, wenn das Domänen-Attribut in Großbuchstaben angegeben und eine ungerade Anzahl von Zeichen lang ist
932045	Die Fehlermeldung „Die Verbindung ist unterbrochen worden" wird angezeigt, wenn eine große Datei zwischen zwei Windows Vista-basierten Computer über eine Netzwerkverbindung kopiert wird
932063	Bei einer drahtlosen Netzwerkumgebung treten auf einem Windows Vista-basierten Computer verschiedene Probleme auf
932079	Der Energieverbrauch kann auf einem Windows Vista-basierten tragbaren Computer etwas höher als erwartet werden, der eine SATA-Festplatte verwendet, die das Host-initiierte Verbindungs-Strom-Management nicht unterstützt
932094	„STOP 0x0000001A MEMORY_MANAGEMENT"-Fehlermeldung während der Wiedergabe einer Filmdatei, die eine Erweiterung von .MOV aufweist, durch QuickTime 7 in Windows Vista
932142	Manche Programme können nicht installiert werden, nachdem Windows Vista mittels eines Windows Complete PC Backup und Restore-Abbilds wiederhergestellt wurde
932173	Die Fehlermeldung „Zugriff wurde verweigert" wird angezeigt, wenn der NETDOM RENAMECOMPUTER-Befehl verwendet wird, um einen Computer umzubenennen, auf dem Windows Vista ausgeführt wird
932206	Die Fehlermeldung „STATUS_ACCESS_VIOLATION (0xC0000005)" erscheint, wenn versucht wird, einen

	Drucker automatisch zu installieren, der in Windows Vista über keinen bekannten Druckertreiber verfügt
932243	Nach dem Neustart eines Computers, auf dem Windows Vista ausgeführt wird, gehen Multilingual User Interface-Sprachpakets-Aktualisierungen verloren
932246	Windows Vista Anwendungskompatibilitätsaktualisierung März 2007
932303	Der WMI-Dienst reagiert nicht mehr auf einem Computer, auf dem das .NET Framework 2.0 und der System Center Configuration Manager 2007 ausgeführt werden
932385	CGI-Anwendungen, die in IIS 7.0 mehrere Instanzen eines Antwort-Headers festlegen, funktionieren nicht wie erwartet
932390	Nach der Installation des Windows Media Players 11 auf einem Computer, der den Windows Media Encoder 9 verwendet, kann der Encoder den Windows Media Audio 9 Voice Codec nicht mehr verwenden, und es wird die Fehlermeldung „0xC00D0BC3: Bei dem Audio-Codec trat ein unerwarteter Fehler auf" ausgegeben
932394	Ein Zeitgeber funktioniert nach dem erneutem Laden eines Workflows in der Microsoft Windows Workflow Foundation nicht mehr
932404	Ein Ordner wird nicht geöffnet, wenn auf ihn in der „Alle Programme"-Liste des Startmenüs in Windows Vista geklickt wird
932406	Der Windows-Desktop wird möglicherweise nicht mehr korrekt aktualisiert, wenn ein Windows Vista-basierter Computer sehr lange Zeit läuft
932471	Die Fehlermeldung „Kann dieses Dokument nicht öffnen, da Ihre Berechtigungen abgelaufen sind" erscheint, während ein geschütztes XPS-Dokument mit dem XPS-Betrachter geöffnet oder erstellt wird
932538	Wenn eine E-Mail in Office Outlook 2003 oder Outlook Express ausgedruckt wird, ist sie so klein, dass sie nicht lesbar ist
932539	Wenn der Grafiktreiber auf einem Windows Vista-basierten Computer aktualisiert wird, wird der Bildschirm schwarz

932562	Eine FTP-Web-Site erscheint im Internet Explorer 7 nicht wenn sie mit Hilfe eines Webproxies geöffnet werden soll
932590	Windows-Anwendungen, welche die TZ-Umgebungsvariable verwenden, funktionieren wegen Änderungen der Sommerzeiten möglicherweise nicht wie erwartet
932593	Möglicherweise wird eine Fehlermeldung bei der Installation der ursprünglichen Release-Version von SQL Server 2005 oder SQL Server 2005 Service Pack 1 auf einem Computer, auf dem Windows Vista ausgeführt wird, angezeigt
932596	Microsoft Sicherheitsmitteilung: Verbesserung der x64-Kernel Patch Protection
932626	Verschiedene Probleme können auftreten, wenn ein PCMCIA-Speichergerät entfernt wird, während ein Windows Vista-basierter Computer im Ruhezustand ist
932634	Einige Elemente der Benutzeroberfläche in manchen vorinstallierten schwedischen Versionen von Windows Vista enthalten englischen Text, abgeschnittenen Text oder sprachliche Fehler
932635	Einige Elemente der Benutzeroberfläche in einigen norwegischen vorinstallierten Versionen von Windows Vista enthalten linguistische Fehler, englischen Text, oder Text, der abgeschnitten wird
932636	Einige Elemente der Benutzeroberfläche in manchen vorinstallierten dänischen Versionen von Windows Vista enthalten englischen Text, abgeschnittenen Text oder sprachliche Fehler
932637	Einige Elemente der Benutzeroberfläche in manchen vorinstallierten tschechischen Versionen von Windows Vista enthalten englischen Text, abgeschnittenen Text oder sprachliche Fehler
932638	Einige Elemente der Benutzeroberfläche in manchen vorinstallierten griechischen Versionen von Windows Vista enthalten englischen Text, abgeschnittenen Text oder sprachliche Fehler
932649	Videos im Zeilensprung-Modus werden auf einem Windows Vista-basierten Computer möglicherweise in schlechter Qualität angezeigt

932652	Ein Windows SideShow-kompatibles Gerät oder die dazugehörigen Miniapplikationen funktionieren nicht zuverlässig in Windows Vista
932653	Der Zeiger einer Hochleistungsmaus bewegt sich bei Aktivierung der erhöhten Zeigergenauigkeits-Option in Windows Vista nicht korrekt
932753	Die Videowiedergabe wird möglicherweise beendet, wenn die Größe des Windows-Media-Center-Fensters in Windows Vista geändert wird
932757	Wenn eine Windows Media High Definition Video (WMV HD) DVD im Windows Media Center in Windows Vista wiedergeben wird, sind die Bild- und Ton-Wiedergaben möglicherweise nicht synchron
932814	Eine Fehlermeldung wird angezeigt, die besagt, dass ein Treiber aufgrund eines Dateikopierfehlers in Windows Vista nicht installiert wurde
932818	April 2007 Zusammengefasstes Update für Windows Vista Media Center
932866	Der rechte Rand oder der untere Rand eines Ausschlussbereichs können auf einem Computer, auf dem Windows XP, Windows Server 2003 oder Windows Vista ausgeführt werden, in einer GDI+-Anwendung dennoch gezeichnet werden
932988	Dateien von einer Canon EOD-1D- oder -1DS-Kamera werden möglicherweise beschädigt nachdem Windows Photo Gallery, Windows Live Photo Gallery oder der Windows-Explorer verwendet wurde, um die Dateimetadaten in Windows Vista oder Windows XP SP2 zu bearbeiten
932998	Die Fehlermeldung „Kein Datenträger" wird während einer unbeaufsichtigten Installation von Windows Vista angezeigt
933006	Eine Webseite wird als leere Seite im Internet Explorer 7 angezeigt
933014	Eine Anwendung verwendet den Ordner Favoriten von Internet Explorer 7 als Stammverzeichnis wenn sie die „DoOrganizeFavDlg" Funktion aufruft

933049	Einer Winsock-Verbindung kann unterbrochen werden wenn das Programm, mit dem die Verbindung geöffnet wird, die Setsockopt-Funktion in Windows Vista aufruft
933105	Relative Datei-URIs in der Form „/<Laufwerksbuchstabe>:/<Pfad>/ <Dateiname>„ werden im Internet Explorer 7 nicht richtig aufgelöst
933133	Beim Herunterladen einer Datei von einer Webseite mit dem Internet Explorer 7 ändert sich der Dateiname
933182	Der Inhalt einer Webseite ändert sich nicht wie erwartet, wenn die document.open-Methode bei Internet Explorer 6 oder 7 verwendet wird
933207	Von DVD-R-DL- und DVD+R-DL-Datenträgern, die mit Windows Vista erstellt wurden, kann möglicherweise nicht gelesen werden
933228	Die Fehlermeldung „Seite kann nicht angezeigt werden" erscheint, wenn der Internet Explorer 7 in Windows Vista verwendet wird, um auf einen Webserver zuzugreifen, der konfiguriert wurde OpenSSL zu verwenden
933242	Windows ReadyDrive funktioniert nicht in Windows Vista, wenn die erste Partition eines hybriden Festplattenlaufwerks weniger als 32 MB freien Speicherplatz hat
933245	Ein Handle-Leck kann in Lsm.exe jedes Mal, wenn der Windows Media Player 11 eine Audio-Datei auf einem Windows-Vista-basierten Computer mit einem High-Definition-Audio-Gerät wiedergibt, auftreten
933251	Der Internet Explorer verwendet möglicherweise einen hohen Prozentsatz der CPU-Ressourcen, wenn ein XML-Dokument mit Hilfe des Windows Internet Explorer geöffnet wird und danach der HTML-Fehlercode 404 auftritt
933256	Die Fehlermeldung „Das Dokument in diesem Frame konnte nicht wie in der Bildschirmansicht gedruckt werden" erscheint, wenn im Internet Explorer 7 ein in einem Frame angezeigtes Office-Dokument gedruckt werden soll
933262	Manche USB-Audio-Geräte und einige USB-Audio-TV-Tuner funktionieren nicht ordnungsgemäß mit Windows Vista
933272	Es kommt zu Verzögerungen der Systemzeit nach dem Neustart eines Windows Vista-basierten Computers, der Zeitgeber mit hoher Genauigkeit unterstützt

933288	Es kommt zu einem Stopp der Eingabefunktion eines berührungsempfindlichen Bildschirms, wenn gleichzeitig zwei Benutzer in Windows Vista angemeldet sind
933340	Der RAS-Server kann nicht verwendet werden, um DHCP-Optionen auf Windows Vista-basierten Computer anzuwenden
933360	Zusammengefasste Zeitzonenaktualisierung für Microsoft Windows-Betriebssysteme vom August 2007
933433	Schlechte Aufzeichnungsqualität, wenn ein USB-Mikrofon auf einem Windows Vista-basierten Computer verwendet wird, der 4 GB RAM oder mehr hat
933442	Ein USB-Verbundgerät funktioniert nicht, nachdem es im Gerätemanager auf einem Computer, auf dem Windows Vista ausgeführt wird, deaktiviert und danach wieder aktiviert wird
933454	Änderungen an der Konfiguration eines Druckers werden auf einem Windows-Vista-Computer so lange nicht übernommen bis dieser oder der Druckerwarteschlangen-Dienst neu gestartet wird
933468	Auf SMB-Freigaben kann in einem Firma-Netzwerk über eine RAS-Verbindung von einem Computer, auf dem Windows Vista ausgeführt wird, nicht zugegriffen werden
933495	Bei einer unbeaufsichtigten Installation von Windows Vista wird anstelle der Autounattend.xml-Datei auf einem USB-Flash-Laufwerk die Autounattend.xml-Datei auf der Installations-CD von Windows Vista verwendet
933566	MS07-033: Zusammengefasstes Sicherheitsupdate für Internet Explorer
933578	Ein Ultra-DMA-Mode-5-Gerät arbeitet in Windows Vista nach einem Gerätewechsel möglicherweise nur mit Ultra-DMA-Mode 2-Geschwindigkeit
933579	MS07-042: Sicherheitsupdate für Microsoft XML Core Services 6.0 vom 14.08.2007
933590	Bildschirmstörungen bei dem Programm Flight Simulator X auf einem Windows Vista-basierten Computer, an dem mehr als ein Monitor angeschlossen ist
933595	Fehlermeldung während der Installation eines Hotfixes auf einem Windows Vista-basiertem Computer in einer Domäne: „Installationsprogramm stellte einen Fehler

	0x8007177F fest. Dieser Computer ist für Dateiverschlüsselung deaktiviert."
933607	UMDF-Benutzer-Modus-Treiber, die die Windows SideShow Klassenerweiterung verwenden, geben Fehler bei der asynchronen Befehlsverarbeitung zurück
933612	Eine Mail-Anwendung kann keine Verbindung zu einem Exchange Server 2007 über den SSL-über-SMTP-Port 587 herstellen
933620	Windows Vista wird unter Ausgabe einer Stop-Fehlermeldung unerwartet beendet nachdem das Sony VAIO Camera Capture Utility auf einem Sony VAIO UX-Serie Micro PC gestartet wird
933649	Webseiten, die Sonderzeichen wie „&" in der URL enthalten, werden möglicherweise nicht auf WSD-Druckern in Windows Vista ausgedruckt
933657	Gelegentlich wird der Zugriff auf Netzwerkressourcen unterbrochen, wenn mehr als ein Network Device Interface Specification (NDIS)-Filtertreiber auf einem Computer installiert ist, auf dem Windows Vista ausgeführt wird
933662	Wenn auf einem Windows Vista-basierten Computer eine 16-Bit-Anwendung einer anderen Anwendung Befehlszeilen-Parameter übergibt, empfängt die zweite Anwendung die Befehlszeilen-Parameter nicht
933664	Fehlermeldung „Ein Gerät, das an das System angeschlossen ist, funktioniert nicht" wenn eine Verbindung zu einer freigegebenen Ressource von einem Windows Vista-basierten Clientcomputer hergestellt wird
933729	MS07-058: Sicherheitslücken in RPC können Denial-of-Service-Angriffe ermöglichen
933750	Auf einem Computer, auf dem Windows Vista ausgeführt wird, werden unerwartet alle Auswahlfelder auf der Registerkarte „Unterstützte Formate" eines installierten Geräts ausgewählt
933771	Der Windows Explorer oder der Svchost.exe-Prozess reagieren nicht mehr, wenn EFS-verschlüsselte Dateien zu einer WebDAV-Ressource in Windows Vista kopiert werden
933778	Ein Programm, das Windows HotStart verwendet, wird erst nach einer langen Verzögerung gestartet, nachdem ein

	Windows Vista-basierten Computer aus dem Ruhezustand aufgeweckt wird
933812	Nachdem die Updates der Microsoft Knowledge Base-Artikel 928388 und 932590 auf einem Computer, auf dem Windows XP oder Windows Server 2003 ausgeführt wird, installiert wurden, meldet das JScript-Date-Objekt in der Version 5.7 die Uhrzeit in Normalzeit anstelle von Sommerzeit
933824	Apple iPod kann beim Auswerfen beschädigt werden, wenn Sie dazu die Funktion „Hardware sicher entfernen" oder den Windows-Explorer unter Windows Vista verwenden
933847	Neue Features und Updates, die im Windows Vista Secure Digital (SD) Rollup-Paket enthalten sind.
933860	Der DFS-Failover funktioniert nicht und die Fehlermeldung „Systemfehler 1214 ist aufgetreten" wird angezeigt, wenn ein Client-Computer, auf dem Windows Vista ausgeführt wird, versucht, eine Verbindung mit einem DFS-Stammserver herzustellen, der nicht erreichbar ist
933872	Die Standard-Gateway-Einstellung geht verloren, wenn ein Windows Vista-Computer aus dem Ruhezustand aufgeweckt wird
933873	Es wird möglicherweise während der Ausführung eines Skripts auf einem Computer, auf dem Internet Explorer 7 installiert ist, eine Skriptfehlermeldung angezeigt
933876	Der USN-Journaldatensatz enthält einen falschen Dateinamen, wenn eine Datei in Windows Vista, Windows Server 2003 oder Windows XP verschoben wird
933928	Aktualisierung für Windows Vista, um den Produktaktivierungs- und Überprüfungsvorgang zu verbessern
933942	Fehlermeldung „Windows-Kalender funktioniert nicht mehr" nach dem Neustart eines Windows Vista-basierten Computers
934008	Nachdem die Richtlinie „Alle Symbole deaktivieren" oder die Richtlinie „Ausblenden und Deaktivieren von allen Elementen auf dem Desktop" aktiviert wurde, ist die Arbeitsoberfläche von Windows Vista schwarz
934014	Der Windows Internet Explorer 7 lädt ein ActiveX-Steuerelement nicht, das durch ein CODEBASE-Attribut refe-

	renziert wird, wenn eine Webseite geöffnet wird, die das OBJECT-Element enthält, und das CLSID-Attribut fehlt
934056	Die Fehlermeldung „Windows kann dieses Bild nicht finden" erscheint während des Druckens eines Bilds aus dem Such-Fenster in Windows Vista
934111	Eine Aktualisierung ist für das Subsystem für UNIX-basierte Anwendungen in Windows Vista verfügbar, das Sommerzeitänderungen in 2007 berichtigt
934202	Geringe Leistung auf einem Windows Vista-basierten Computer nach dem Aufbau einer VPN-Verbindung
934237	Ein High-Definition-Audio-Gerät funktioniert nicht mehr, nachdem Windows Vista aus dem Ruhezustand aufgeweckt oder dem Energiesparmodus fortgesetzt wird
934274	Nach der Installation von Sommerzeitaktualisierungen auf einem Windows Vista-basierten Computer, verarbeiten Anwendungen, die CDO verwenden, die aktuelle Uhrzeit in der falschen Zeitzone
934275	Es kann kein Video angesehen oder keine Datei mehr heruntergeladen werden nachdem der Windows Internet Explorer 7 installiert wurde
934282	Warnmeldung „Dieses Programm wird außerhalb des geschützen Modus geöffnet", wenn der Adobe Flash Player in Internet Explorer 7 auf einem Windows Vista-basierten Computer aktualisiert worden ist
934314	Die Lese- oder Schreibleistung einer IEEE-1394-Festplatte, die einen VIA Technologies 1394 Host-Controller verwendet, ist unter Windows Vista langsamer als erwartet
934327	Ein WSD-basierter Scanner-Treiber kann in Windows Vista möglicherweise für die Datenübertragung nicht verwendet werden, wenn die gescannten Daten sehr umfangreich sind
934374	„STOP 0x000000FE BUGCODE_USB_DRIVER"-Fehlermeldung beim Anschließen eines Windows Vista-basierten mobilen Computers an eine Dockingstation
934376	Eine FTP-Anwendung kann möglicherweise nicht verwendet werden, um eine Datei von einem Computer an einem Remote-Server zu übertragen, auf dem Internet Explorer 7 installiert ist

934429	Die Option „Hybriden Ruhezustand ermöglichen" fehlt zeitweise in der Registerkarte Erweiterte Einstellungen des Dialogfelds Energieoptionen in Windows Vista
934455	Ein auf „Web-Dienste auf Geräte"-basierter Drucker wird als Offline angezeigt, nachdem ein Windows Vista-basierter Computer aus dem Ruhezustand aufgeweckt wird
934529	Ein Update, das es ermöglicht den Speicherort des temporären Ordners zu konfigurieren, ist für das .NET Framework 2.0 verfügbar
934611	Windows Vista reagiert möglicherweise nicht mehr, wenn Software installiert wird, die ältere Netzwerktreiber hinzufügt
934633	Wenn ein USB-Multifunktionsgerät an einen Windows Vista-basierten Computer angeschlossen wird, wird eine zweite Instanz des Druckerobjekts erstellt und die erste Instanz funktioniert nicht mehr
934637	Ein Gerät kann nicht auf einem Computer installiert werden, auf dem eine nicht-englische Version von Windows Vista ausgeführt wird
934641	In Windows Vista wird ein optisches Laufwerk, das an einem Toshiba Geräte-Schacht angeschlossen ist, nicht erkannt
934796	„STOP 0x000000FE"-Fehlermeldung auf einem Windows Vista-basierten Computer, an dem ein USB-Verbundgerät angeschlossen ist
934797	Die Größe der NTDS.DIT-Datei wächst beständig an, nachdem „Credential-Roaming" auf einem Windows Vista-basierten Computer aktiviert wurde
934839	Es wird möglicherweise eine Ausnahme angezeigt, wenn eine .NET Framework 2.0 ASP.NET-Internetanwendung aufgerufen wird
934888	Einige koreanische Zeichen werden im Tablet PC-Eingabebereich auf einem Windows Vista-basierten Tablet PC nicht richtig angezeigt
934907	Die Fehlermeldung „Benutzerrichtlinie konnte nicht erfolgreich aktualisiert werden", wenn der Befehl „Gpupdate /force" auf einem Computer aufgerufen wird, auf dem Windows Vista ausgeführt wird

935200	Die Fehlermeldung „Zugriff verweigert" wird angezeigt, wenn eine Anwendung die RegisterTypeLib-API aufruft, um eine Typenbibliothek in Windows Vista zu registrieren
935222	Es kann keine Verbindung zu einem drahtlosen Netzwerk auf einem Computer mit Windows Vista hergestellt werden
935276	Die Installation eines Webservice on Devices (WSD)-basierten Geräts auf einem Windows Vista-basierten Computer wird nicht erfolgreich durchgeführt
935280	Windows Vista Juli 2007 Anwendungskompatibilitäts-Aktualisierung
935333	Während der Wiedergabe einer Windows Media High Definition Video DVD im Windows Media Center in Windows Vista kommt es möglicherweise zu Video Audio Synchronisisations-Problemen
935366	Microsoft Access reagiert nicht mehr beim Öffnen einer Remotedatenbank
935415	Die ursprüngliche Datei wird überschrieben, wenn der Name einer Datei aus der Verlaufsliste in dem Dialogfeld „Speichern unter..." in Windows Vista ausgewählt wird
935427	Windows Vista reagiert nicht mehr bei Übertragung einer Datei zwischen einem Windows Vista-basierten Clientcomputer und einem Dateiserver
935458	Das Verhalten von TCP-Bestätigungen (ACK) ändert sich nicht, nachdem der TcpAckFrequency-Registrierungseintrag in Windows Vista bearbeitet wurde
935495	Das Windows System Assessment Tool (WinSAT.Exe) zeigt falsche Prozessor-Information über einen Intel Ultra Mobile Platform-basierten Computer an, auf dem Windows Vista ausgeführt wird
935544	Windows Internet Explorer 7 kann abstürzen, wenn eine Website aufgerufen wird
935551	Trennung der Geräteverbindung beim Synchronisieren vieler Dateien zwischen Windows Media Player 11 und einem Windows Mobile-Gerät
935552	Windows Media Player 11 reagiert nicht mehr, wenn zunächst Medien an ein Gerät übertragen werden, welches das Media Transfer Protocol (MTP) verwendet, und dann der Übertragungsprozess abgebrochen wird

935553	Der WMI Provider Prozess reagiert möglicherweise nicht mehr, wenn ein Programm ausgeführt wird, das den Offline-Dateien-WMI-Provider eines Windows Vista-basierten Computers verwendet
935560	Wenn eine Remotedesktopverbindung verwendet wird, um eine Verbindung zu einem Terminal-Server herzustellen, werden PNG-Bilder während der RDP-Sitzung in Internet Explorer 7 nicht angezeigt
935575	Der Windows Internet Explorer 7 zeigt eine SVG-Datei nicht an, wenn er zum Anzeigen einer Scalable Vector Graphics (SVG)-Datei auf einem lokalen Computer zu verwendet wird
935576	Bei der Verwendung eines Chipkarten-Zertifikats zum Herstellen einer RAS-Verbindung kann von einem Windows Vista-basierten Computer nicht mit freigegebenen Ressourcen in einer Fremd-Domäne zugegriffen werden
935579	Beim Zugriff auf ein externes Dokument durch eine Verknüpfung in einem Inlineframe in Internet Explorer 7 wird der Wert des Document-Objekts als „Undefiniert" zurückgegeben.
935606	Sicherungen von Systemdateien werden nicht wie erwartet wiederhergestellt, wenn Systemwiederherstellungsanwendungen von Dritt-Anbietern auf einem Windows Vista-basierten Computer verwendet werden
935607	Die CopyImage-Funktion kann in Windows Vista beim Kopieren eines großen Bitmaps fehlschlagen
935652	Zusammenfassende Aktualisierung für Media Center in Windows Vista (Juni 2007)
935663	Änderungen an einer Offline-Datei werden beim Synchronisieren von Dateien in Windows Vista nicht auf dem Server gespeichert
935685	Die Fehlermeldung „Windows Media Center Store Update-Manager funktioniert nicht mehr" tritt auf, wenn bei Windows Vista eine Media-Center-Eigenschaft konfiguriert oder ein geplanter Fernsehprogrammdownload durchgeführt wird
935729	Eine Webseite, deren URL Nicht-ASCII-Zeichen enthält, kann im Windows Internet Explorer 7 nicht geöffnet werden

935755	Auf eine freigegebene Netzwerkressource, die von einem Windows Vista-basierten Computer gehostet wird, kann nicht zugegriffen werden, wenn das SMB-Anforderungspaket die MTU-Größe überschreitet
935759	Die vorinstallierte norwegische Version von Windows Vista zeigt möglicherweise einige Teile der Benutzeroberfläche falsch an, auch nachdem das Update 932635 installiert wurde
935765	Nach der nächsten Anmeldung bei Windows Vista wird eine lange Umgebungsvariable auf 1024 Zeichen gekürzt
935772	Nach der Aktualisierung zu WDS wird beim Starten eines PXE-Clients, der eine ACPI Uniprocessor HAL verwendet, ein ACPI Multiprocessor-Abbild im Betriebssystemabbildstartmenü nicht angezeigt
935775	Ein Skriptfehler in Internet Explorer 7 wird angezeigt, wenn ein Fensternamen-Parameter in der „Window.Open"-Methode bestimmte Zeichen enthält
935776	Die InternetQueryOptionW-Funktion gibt den Wert „Wahr" zurück, wenn das INTERNET_OPTION_URL-Optionsflag als zweiter Parameter in Internet Explorer 7 verwendet wird
935777	Die Puffergröße der InternetQueryOptionW-Funktion ist nur die Hälfte der tatsächlichen Größe, wenn INTERNET_OPTION_URL als zweiter Parameter in Internet Explorer 7 verwendet wird
935778	Sitzungscookies gehen möglicherweise verloren nachdem eine Datei im Internet Explorer 7 geöffnet wird, die einen lokalen Dateipfad oder einen UNC-Dateipfad hat
935779	Eine Internetverknüpfung zeigt im Internet Explorer 7 nicht das richtige Symbol an
935782	Ein USB-Gerät braucht auf einem Windows Vista-basierten Computer, der einen UHCI USB Controller verwendet, lange um aus dem „Selektiv Anhalten"-Modus fortgesetzt zu werden
935783	Wenn ein Windows Vista-basierter Computer aus dem Ruhezustand reaktiviert wird, kann ein unerwartetes Problem von einem USB-Gerät auftreten

935786	Sie können eine Website im Internet Explorer 7 nicht der Zone „Vertrauenswürdige Sites" hinzufügen, auch wenn das Benutzerkonto zu der Administratoren-Gruppe gehört
935807	MS07-038: Ein Sicherheitsproblem in der Windows Vista Firewall kann die Offenlegung von Informationen ermöglichen
935851	Internet Explorer 7 in Windows Vista beginnt mit dem Rendern einer Webseite, bevor die Bearbeitung des „On-Load"-Ereignisses abgeschlossen ist
935855	Fehlermeldung „Sie müssen ein Administrator sein, um Internet Explorer auf diesem Desktop zu öffnen" beim Aufruf vom Internet Explorer 7 in Windows Vista
935876	Ungültige Werte werden auf einem Windows Vista-basierten Computer bei der Abfrage einer ifOperStatus-Objektkennung zurück gegeben
935878	Der Erweiterte Video-Renderer (EVR) signalisiert das EC_DISPLAY_ CHANGED-Ereignis, wenn ein Videodatenstrom in Windows Vista wiedergegeben wird
935881	Ein Windows Vista-basierter Computer wird wiederholt neu gestartet, nachdem ein Sicherheits-Update installiert wurde
935901	Der Bildschirm kann schwarz sein oder der Menübildschirm reagiert nicht mehr im Windows Media Center in Windows Vista
935903	Windows Internet Explorer 7 reagiert nicht mehr, wenn ein modales Dialogfeld geöffnet ist und die Anzeige eines Windows Internet Explorer 7-Fensters aktualisiert werden soll
935936	Stop-Fehlermeldung „0x00000001 (0x00000000, 0x7FFDC000, 0x0000FFFF, 0x00000000)" auf einem Windows Vista-basierten Computer
935945	Nach dem Aufbau einer VPN-Verbindung auf einem Windows Vista-basierten Computer mit einer Dritt-Anbieter-Software werden Pakete verworfen, die an den lokalen Computer gesandt werden
935963	Benutzerdefinierte Eigenschaftsseiten werden im Dialogfeld „Erweiterte Einstellungen" eines WIA-Scanners auf einem Windows Vista-basierten Computer nicht angezeigt

935977	Eine Zeichenfolge wird als Fragezeichen angezeigt, wenn eine Anwendung die ReadEventLogA-Funktion zum Lesen der Zeichenfolge aus dem Ereignisprotokoll in Windows Vista verwendet
935988	Bei der Verwaltung eines DHCP-Servers über ein Netzwerk von einem Windows Vista-basierten Computer aus können die DHCP-Bereiche nicht gefunden werden
936003	Zusammengefasstes Update Rollup für Windows Vista
936004	Ein USB-Telefonie-Gerät wird unerwartet auf einem Windows Vista-basierten Computer als Standard-Audio-Gerät festgelegt
936021	Beschreibung des Sicherheitsupdates für die Microsoft XML Core Services 3.0 vom 14.08.2007
936029	Das „Request For Permission to Use a Key"-Dialogfeld wird jedes Mal angezeigt, wenn eine E-Mail in Outlook 2007 versendet werden soll, nachdem Outlook 2007 konfiguriert wurde, eine digitale Signatur bei Windows Vista zu verwenden
936054	Die Fehlermeldung „Zugriff verweigert" wird in Windows Vista angezeigt, wenn ein Ordner in einem Bereitstellungspunkt-Ordner verschoben werden soll, der sich auf demselben Laufwerk befindet
936060	Ein falsches Zeichen wird angezeigt, wenn ein Zeichen in einer ANSI-basierten Anwendung auf einem Computer, auf dem Windows Vista ausgeführt wird, eingegeben wird
936136	Bei der Benutzung des Microsoft GS Wavetable Synthesizers auf einem Windows-Vista-basierten Computer können Probleme auftreten
936150	Fehlermeldung „STOP 0x000000B8 ATTEMPTED_SWITCH_FROM_ DPC" beim Aufwachen von Windows Vista aus dem Ruhezustand
936162	Das Windows Management Instrumentarium (WMI) kann möglicherweise keine korrekten Informationen über bestimmte USB-Datenträger-Geräte liefern
936176	Unterstrichene japanische Zeichen werden in Windows Vista ohne die Unterstreichung gedruckt
936183	Der Multiple Provider Router (MPR) ruft in Windows Vista die „NPPasswordChangeNotify"-Funktion einer Zertifikats-Management-DLL auf, um sie über eine Kenn-

	wortänderung zu informieren, obwohl die Kennwort-Änderung gar nicht erfolgreich ist
936205	Dateien werden beschädigt, wenn der Computer in den Energiesparmodus umschaltet, während Offline-Dateien in Windows Vista synchronisiert werden
936225	Sie hören keinen Ton, wenn Sie mit einem 32-Bit-Programm ein DVD-Video in einer 64-Bit-Version von Windows Vista abspielen
936229	Die Fehlermeldung „Windows Media Center Empfängerdienst funktionierte nicht mehr und wurde geschlossen" beim Start eines Windows Vista-basierten Computers
936315	Eine Anwendung, die das Media Foundation SDK verwendet, kann die nicht-signierte Treiberliste nicht ein zweites Mal und zu keinem späteren Zeitpunkt laden
936316	Die Fehlermeldung „MMSYSERR_NODRIVER" wird ausgegeben, wenn ein Programm unter Windows Vista ausgeführt wird, das die „waveOutWrite"-Funktion verwendet
936344	Eine erhebliche Verzögerung kann während des Debuggens einer mit ASP.NET verbundenen Anwendung in Visual Studio 2005 auftreten
936357	Ein Microcode-Zuverlässigkeitsupdate ist für Systeme, die Intel-Prozessoren verwenden, verfügbar
936460	Die Fehlermeldung „Status: C000006C/C000006C" wird ausgegeben, wenn ein Domänen-Benutzer versucht, das Kennwort eines Client-Computers zu ändern, auf dem die deutsche Version von Windows Vista ausgeführt wird
936469	Wenn in Windows Vista DFS zusammen mit dem Volume Shadow Copy Service (VSS) eingesetzt wird, zeigt VSS nicht an, ob der DFS-Pfad derselbe ist wie der physische Pfad
936515	Wenn der Energiebedarf aller Geräte an einem USB-Bus auf einem Windows Vista-basierten Computer mit bestimmten ATI-Chipsätzen zu groß ist, wird keine Benachrichtigung ausgegeben
936608	Ein auf einem Windows Server 2003-Computer freigegebener Drucker funktioniert nicht richtig, wenn die „Point and Print"-Funktion benutzt wird, um sich mit dem Drucker in Windows Vista zu verbinden

936610	Eine Fehlermeldung, dass der Zugriff verweigert wird, wird auf einem Computer, auf dem Windows Internet Explorer 7 installiert ist, beim Ausführen einer Anwendung, die neue Prozesse aus einem imitierten Kontext startet, ausgegeben
936611	Internet Explorer 7 erkennt eine Intranet-Website fälschlicherweise als eine Internetwebsite
936613	Die Grafikleistung von Spielen ist möglicherweise geringer, als der Windows Experience Index in Windows Vista erwarten lässt
936686	Symbole fehlen in der Systemsteuerung, oder es können das Systemsteuerungsfenster, das Begrüßungs-Center oder Spiele in Windows Vista nicht aufgerufen werden
936707	Eine .NET-Framework 2.0 Anwendung mit Managed Code und die über eine Authenticode-Signatur verfügt braucht länger als normal um zu starten
936710	Wenn eine DirectX-10-Anwendung auf einem Windows Vista-basierten Computer ausgeführt wird, in dem mehrere Grafikkarten installiert sind, verwendet der Computer die sekundäre Grafikkarte nicht
936711	Beim Aufruf der CAsyncSocket::ReceiveFrom-Funktion in Windows Vista kommt es möglicherweise zu einer Verzögerung
936713	Ein Private Branch Exchange (PBX)-Program erhält nur die Hälfte der Telefonnummer eines Anrufers in Windows Vista
936756	Fehlermeldung im Registrierungs-Editor von Windows Vista: „Kann \\HivePath\filename nicht laden: Zugriff verweigert" beim Laden einer Registrierungsstrukturdatei, die sich auf einer freigegebenen Netzwerkressource befindet
936775	In Windows Vista oder Windows Server 2003 kann die maximale Anzahl geschachtelter Fenster nicht festgelegt werden
936782	MS07-047: Sicherheitsanfälligkeit in Windows Media Player, die ggf. Remotecodeausführung ermöglicht

936824	Die Funktion „Hardware sicher entfernen" und der Windows Explorer-Befehl „Auswerfen" funktionieren bei einem Apple iPod nicht richtig, der mit einem Windows Vista-Computer verbunden ist
936825	Verfügbarkeit des Windows Vista Secure Digital (SD) Rollup-Pakets
936881	Die Fehlermeldung „Problem mit Verknüpfung. Das Ziel von dieser Internetverknüpfung ist ungültig", wenn eine Internetverknüpfungsdatei auf einem Computer geöffnet wird, auf dem Internet Explorer 7 installiert ist
936882	Eine Zugriffsverletzung kann auftreten und es kann eine Fehlermeldung beim Öffnen einer Webseite, die SSL mit Internet Explorer 6 verwendet, angezeigt werden
936883	Die Dateigröße in dem Feld „Größe (Byte)" wird als „Damaged" angezeigt beim Ansehen der Dateieigenschaften für ein ActiveX-Steuerelement in Internet Explorer 7
936904	Die Fehlermeldung „Internet Explorer ist auf einem Problem gestoßen und muss beendet werden" beim Öffnen einer Webseite in Windows Internet Explorer 7
936949	Wenn ein Browser-Fenster minimiert und es danach über die Taskleiste des Internet Explorers 7 maximiert wird, wird der Fokus nicht auf die Webseite gesetzt
936950	Der Windows Internet Explorer 7 kann unerwartet beendet werden, wenn eine Anwendung die GetAcceptLanguages-Funktion auf einem Computer, auf dem Windows Vista ausgeführt wird, aufruft
936953	Kein Element kann ausgewählt werden, wenn das fensterlose SELECT-Steuerelement zum Erstellen einer Liste in Internet Explorer 7 verwendet wird
936955	Internet Explorer 6 und Internet Explorer 7 können eine Zeichenkette nicht finden, obwohl die Webseite den Text enthält
936970	Die Fehlermeldung „Ein Netzwerk- oder ein Dateiberechtigungsfehler ist aufgetreten" erscheint während einer Terminal-Dienstsitzung, wenn ein Dokument in einem Office-Programm 2007 auf ein umgeleitetes Laufwerk gespeichert wird
936983	Der Aufruf der System.Transactions.CommittableTransaction.Commit-

	Methode ist in einer .NET Framework 2.0-basierten Anwendung möglicherweise immer blockiert
937018	In Windows Vista wird ein Dokument, das sowohl vertikale als auch nicht-vertikale Schriftarten enthält, auf einem PostScript-Drucker nicht einwandfrei gedruckt
937053	Wenn Text in InfoPath in einem Rich-Text-Feld auf einem Computer, auf dem Internet Explorer 7 installiert ist, kopiert wird, wird der eingefügte Text unerwartet in einer Tabellenzelle angezeigt
937063	Ein System, auf dem Windows Vista ausgeführt wird, startet automatisch neu, wenn Dateien mit EFS verschlüsselt oder entschlüsselt werden
937077	Ein High-Definition-Audio-Gerät funktioniert nach dem Aufwecken von Windows Vista aus dem Ruhezustand nicht mehr
937082	Die maximale Zahl gleichzeitiger SMB-Anforderungen, die an einen Windows Vista-basierten Dateiserver gesandt werden, kann nicht konfiguriert werden
937085	Der Perfmon.exe-Prozess wird ggf. ständig gestartet und gestoppt, wenn die Schaltfläche „Ressourcen-Monitor" auf einem Windows Vista-basierten Computer ausgewählt wird
937123	Keine Anmeldeaufforderung in Windows Vista bei einem verkabelten IEEE 802.1x-Netzwerk
937143	MS07-045: Zusammengefasstes Sicherheitsupdate für den Internet Explorer
937168	Nach der Aktivierung der gemeinsamen Nutzung der Internetverbindung in Windows Vista funktioniert die Netzwerkverbindung nach ein bis zwei Stunden nicht mehr
937187	Fehlermeldung bei der Installation eines neuen Geräts in Windows Vista: „Windows stieß auf ein Problem beim Installieren der Treibersoftware für Ihr Gerät"
937188	Die Farben sind möglicherweise falsch, wenn ein TIFF-Bild mit eingebettetem Adobe RGB Farbprofil auf den Windows XPS Document Writer auf einem Windows Vista-basierten Computer oder einem Windows XP SP2-basierten Computer gedruckt wird
937228	Wenn der Ordner „Dokumente" auf einem Windows Vista-basierten Computer auf einen freigegebenen Ordner

	umgeleitet und dieser Ordner offline verfügbar gemacht wird, reagiert der Computer häufig eine lange Zeit nicht mehr
937229	Beim Anfertigen einer Bildschirmkopie auf einem Windows Vista-basierten Computer enthält diese unerwarteter Weise den Mauszeiger
937230	Bei der Auswahl einer Zelle in einem ListView-Steuerelement wird in Windows Vista eine falsche Zelle ausgewählt
937248	Aktualisierung der Jet 4.0 Datenbank-Modul-Aktualisierung für die Release-Version von Windows Vista vom 11. Mai 2007
937322	Ausgabe der Stop-Fehlermeldung „0x0000009F DRIVER_POWER_ STATE_FAILURE" während der Ausführung des „Common Scenario Stress with IO"-Tests, während des Druckens auf einen freigegebenen Drucker in dem Netzwerk oder der Ausführung eines Energieverwaltungsvorgangs auf einem Windows Vista-basierten Computer
937328	Der Bildschirm eines externen Monitors wird gestört oder schwarz dargestellt, wenn der Monitor mit einem tragbaren Windows Vista-basierten Computer verbunden ist, der Windows Media Center im Vollbild-Modus ausführt
937333	Wenn WDS zum Installieren von Windows Vista verwendet wird, können nicht mehr als 255 Computer-Namen mit WDS erstellt werden
937381	Eine Fehlermeldung wie „Die Anweisung an 0x77F05148 verwies auf Speicher bei 0x96AC3CE4. Der Speicher konnte nicht geschrieben werden" oder ähnlich wird beim Herunterfahren von Windows Vista ausgegeben
937385	Wenn ein Programm die Setsockopt-Funktion in Windows Vista aufruft, schlägt die Winsock-Verbindung fehl
937426	Eine Aufforderung, Windows Vista zu aktivieren, erscheint, wenn das System im Diagnosestartmodus gestartet wird
937454	Ein externes USB-Speichergerät wird in Windows Vista möglicherweise nicht in der Liste „Hardware sicher entfernen" im Infobereich angezeigt
937500	Ein Windows Vista-basierter Computer, der eine PCI-Express-Grafikkarte verwendet, reagiert möglicherweise

	nicht mehr, wenn der Computer aus dem Ruhezustand aufgeweckt wird
937630	Fehlermeldung „Keine Endpunkte sind von der Endpunkt-Zuordnung verfügbar" in Windows Vista, wenn sich mit der Ereignisanzeige zu einem anderen Computer verbunden wird
937651	Die Fehlermeldung „Möglicherweise liegt ein Problem mit einigen Dateien auf dem Gerät oder dem Datenträger vor" beim erneuten Einlegen einer SD-Karte in einen Windows Vista-basierten Computer
937658	Beim Aufruf von Task Scheduler 1.0 APIs zum Anzeigen der allgemeinen Eigenschaften einer Aufgabe in Windows Vista, überlappen sich die Kontroll-Kästchen auf der Aufgaben-Seite
937713	Wenn mit der rechten Maustaste auf einen freigegebenen Farbdrucker geklickt und im Kontextmenü dann „Eigenschaften" in Windows Vista ausgewählt wird, tritt eine Zugriffsverletzung im Prozess Explorer.exe auf
938055	Ein MIDI-Gerät wird in Windows Vista in einer MIDI-Anwendung nach dem Entfernen des Geräts weiterhin als verfügbar angezeigt
938062	Im Symbol für ein zugeordnetes Netzlaufwerk in Windows Vista wird ein rotes „X" angezeigt, obwohl problemlos auf das Laufwerk zugegriffen werden kann
938080	Einige spätere Tastenanschläge werden als Teil der vorherigen Tastenkombination in der Terminal-Dienstsitzung eines Remotedesktop-Fensters auf einem Windows Vista-basierten Computer interpretiert
938091	Auf einem Windows Vista-basierten Computer tritt nach dem Lösen eines Synchronisierungskonflikts von Offline-Dateien mit Hilfe der Option „Beide Versionen behalten" der Konflikt erneut auf
938092	Der Zwischenspeicherungs-Cache von Offline-Dateien auf einem Windows Vista-basierten Offline-Clientcomputer kann aus dem clientseitigen Cache (CSC) nicht gelöscht werden
938098	Inkorrekte Fehlermeldungen bei der Verwendung eines Iomega REV-Laufwerks in Windows Vista

938101	Ein WSD-Scanner kann ein Bild in Windows Vista nicht abrufen
938123	MS07-048: Sicherheitslücken in Windows-Minianwendungen können Remotecodeausführung ermöglichen
938127	MS07-050: Sicherheitslücke in Vector Markup Language kann Remotecodeausführung ermöglichen
938194	Aktualisierung zur Verbesserung der Kompatibilität und Zuverlässigkeit von Windows Vista
938232	Verschiedene Symptome treten möglicherweise bei der Verwendung von Windows Media Player 11 auf
938239	Die Fehlermeldung „STOP 0x00000050 PAGE_FAULT_IN_NONPAGED_AREA" wird auf einem Windows Vista-basierten Computer ausgegeben, der ein Speichergerät hat, das in einen Card-Bus-Adapter eingesteckt ist
938248	Windows Vista-basierte Clientcomputer verwenden für die NetBIOS-Namensauflösung nicht den auf dem DHCP-Server festgelegten Knotentypen
938475	Die Fehlermeldung „Auf <Laufwerksbuchstabe>:\ kann nicht zugegriffen werden. Es sind nicht genügend Systemressourcen vorhanden um das API abzuschließen" wird ausgegeben, wenn Sie einen Windows Vista-basierten Computer verwenden, um auf Dateien auf einem Windows Vista-basierten Dateiserver zuzugreifen
938636	Der Hinweis „Einige Probleme sind gefunden und behoben worden" wird angezeigt, wenn das Fehlerüberprüfungstool in Windows Vista zum Überprüfen einer Secure Digital-Karte verwendet wird
938637	Im Internet Explorer 7 können auf einem Windows Vista-basierten Computer keine benutzerdefinierten Worte eingeben werden, die dem Microsoft IME-Benutzerwörterbuch hinzugefügt werden sollen
938660	Die Leistung eines WPF-basierten Windows-Vista-Programms, das die geschichtete Fensterfunktion (Layered windows) verwendet, kann geringer als erwartet sein

938723	Die Ausdrücke „In den Ruhezustand wechseln" oder „Ruhezustand" werden in den Energieoptionen statt „in den Energiesparmodus gehen" oder „Energiesparmodus" in der Traditional Chinese (CHT)-Version von Windows Vista angezeigt
938724	Ein RTF-Dokument ist möglicherweise beschädigt, wenn es auf einem Windows Vista-basierten Computer in WordPad geöffnet wird
938725	Die Batterieenergie kann auf einem tragbaren Windows Vista-basierten Computer, an dem ein SideShow-kompatibles-USB-Gerät angeschlossen ist, möglicherweise schneller als erwartet aufgebraucht werden
938758	Die Unload-Methode reagiert in einem Windows Workflow Foundation-Projekt möglicherweise nicht mehr
938838	Windows Vista zeigt die Größe des dedizierten Videospeichers bei bestimmten Display-Adapter falsch an
938885	Das Programm „Leistungsinformation und Extras" gibt die DirectX-Version als „DirectX 9.0 oder höher" an, obwohl DirectX 10 auf dem Windows Vista-Computer ausgeführt wird
938906	Die Fehlermeldung „Der Netzwerkprojektor kann den Desktop in der aktuellen Bildschirmauflösung nicht anzeigen" erscheint, wenn das NetProj.exe-Dienstprogramm auf einem Windows Vista-basierten Computer ausgeführt wird, um ihn mit einem Netzwerkprojektor zu verbinden
938927	Kanalauflistungen gehen für einige Kanäle verloren und geplante Aufzeichnungen können nicht durchgeführt werden, wenn Windows Media Center für die Verwendung eines digitalen TV-Tuners in Windows Vista konfiguriert wird
938928	Die Fehlermeldung „Der Windows Media Center Empfängerdienst funktionierte nicht mehr und wurde geschlossen" wird ausgegeben, wenn ein Windows Vista-basierter Computer gestartet wird, der über mehr als einen TV-Tuner verfügt
938929	Windows Media Center reagiert nicht mehr, wenn ein Windows Vista-basierter Computer aus dem Ruhezustand reaktiviert wird

938952	Das chinesische Sprachpaket (Traditionell) wird fälschlicherweise als „Chinesisch (Hongkong S.A.R.)" auf einem Windows Vista-basierten Computer bezeichnet
938956	Die Fehlermeldung „Ein Problem führte dazu, dass das Programm nicht mehr korrekt funktioniert" erscheint, wenn in Windows Vista ein Such-Programm wie Irfan-View von Dritt-Anbietern verwendet wird
938977	Hotfix, das in Windows XP, Windows Server 2003 und Windows Vista eine neue Zeitzone (GMT -4:30) in Venezuela für das Jahr 2007 hinzufügt
938979	Aktualisierung zur Verbesserung der Leistung und Zuverlässigkeit von Windows Vista
939004	Nachdem Adobe Encore DVD 2.0 auf einem Windows Vista-basierten Computer installiert wurde, ist der Adobe Encore DVD 2.0 Library Ordner-Inhalt nicht verfügbar
939006	Verizon FiOS Produkte können nicht mit voller Geschwindigkeit auf einem Windows Vista-basierten Computer benutzt werden
939008	Die Fehlermeldung „STOP: 0x0000006F SESSION3_INITIALIZATION_FAILED" wird beim Start eines Windows Vista-basierten Computers ausgegeben, auf dem Windows ReadyBoost ausgeführt wird
939021	Die Verknüpfung für den Ordner Dokumente wird auf einem Windows Vista-basierten Computer möglicherweise in den Ordner Desktop umgeleitet
939025	Die Fehlermeldung „U1073: Die Erstellungsmethode von <Dateiname> wurde nicht angegeben" wird bei Verwendung des Microsoft Program Maintenance Utilities (nmake.exe) in Visual Studio 2005 ausgegeben
939130	Wenn die AVIStreamWrite-Funktion verwendet wurde, um eine AVI-Datei in Windows Vista zu erstellen, kann diese nicht wiedergegeben werden
939159	Aktualisierung für den Intelligenten Hintergrundübertragungsdienst zum Verhindern eines Absturzes auf einem Windows Vista-basierten Computer
939165	Aktualisierung für das Windows Vista Customer Experience Improvement Program
939207	Eine Anwendung, die den Video Mixing Renderer 9 verwendet, gibt auf einem Computer, auf dem Windows Vista

	ausgeführt wird, ein Video, das das Certified Output Protection Protocol (COPP) erfordert, nicht wieder
939210	Windows Vista scheint während der Geräteinitialisierungsphase beim erstmaligen Start nicht mehr zu reagieren
939211	Der Windows Vista Media Player kann Medien auf einem MTP-fähigen-Gerät nicht synchronisieren
939214	Der Verbindungsmanager kann nicht zum Aktualisieren des Telefonbuchs auf einem Windows Vista-basierten Computer verwendet werden
939331	Ein Windows Vista-basierter Computer reagiert möglicherweise nicht mehr, wenn eine USB-Kamera angeschlossen wird
939423	Möglicherweise ist Windows Aero bei einer Grafikkarte, die Systemspeicher verwendet, um den dedizierten Videospeicher auf einem Windows Vista-basierten Computer zu ergänzen, deaktiviert
939653	MS07-057: Zusammenfassende Sicherheitsaktualisierung für den Internet Explorer
939677	Eine Anwendung, die mit einer Version von InstallShield vor Version 12 erstellt wurde, kann nicht im Sicherheitskontext des Systemkontos in Windows Vista installiert werden
939718	Wenn eine Anwendung, die MAPIFindNext-Funktion auf einem Computer aufruft, auf dem Windows Vista ausgeführt wird, wird der MAPI_E_ FAILURE-Fehlercode generiert
939720	Die Fehlermeldung „STOP 0x00000050 PAGE_FAULT_IN_NONPAGED_AREA" wird beim Start eines Windows Vista-basierten Computers ausgegeben
939727	Die Fehlermeldung „Fehlercode: 0xE0000100" erscheint während der Erstellung einer Partition im Windows Vista Setup
939750	Nachdem Ressourcen unter Verwendung des PACE Anti-Piraterie InterLok Systems auf einem Windows Vista-basierten Computer verschlüsselt wurden, funktionieren einige Anwendungen möglicherweise nicht richtig
939772	Einige Secure Digital (SD) Karten werden in Windows Vista nicht erkannt

939778	MS07-053: Eine Sicherheitsanfälligkeit in Windows Services für UNIX kann die Erhöhung von Rechten ermöglichen
939783	Der Wert der ImeMode-Eigenschaft wird in .NET Framework 2.0 automatisch in den Wert „Off" geändert
939786	Eine Anwendung, die von einem nicht-administrativen Benutzer gestartet wird, kann in Windows Vista, Windows Server 2003 oder Windows XP keinen HTTP-Verkehr des Computers empfangen, auf dem die Anwendung ausgeführt wird
939805	Der Anmeldebildschirm ist nicht verfügbar, falls ein zweiter Monitor entfernt wird während Windows Vista im Bereitschaftsmodus oder Ruhezustand ist
939882	Ein DNS-Client in Windows Vista erstellt fälschlicherweise einen negativen DNS-Cache-Eintrag für den NetBIOS-Namen eines Remotehosts
939913	Wenn im Internet Explorer 7 einige Zeichen in einem Textfeld einer HTML-Seite hinzugefügt werden, werden die ursprünglichen Zeichen in dem Textfeld mit den neu eingegebenen Buchstaben ersetzt
939940	Wenn eine in einer Sicherheitszone angegebene Website-Adresse ein Platzhalter-Zeichen verwendet, wird sie in Internet Explorer 7 nicht in der erwarteten Sicherheitszone ausgeführt
939941	Probleme können im Internet Explorer 7 oder Internet Explorer 6 während der Weiterleitung von Formulardaten einer Webseite mittels der POST- oder GET-Methoden auftreten
939944	Die angegebene Textgröße wird auf einem Windows Vista-basierten Computer nicht für alle Fenster, die im Internet Explorer 7 geöffnet werden, angewendet
939946	Wenn Sie Internet Explorer 7 verwenden, um eine Webseite aufzurufen, kann der Status des Befehls „Bearbeiten mit <HTML-Editor>„ im Menü „Datei" mit dem Status des Befehls „Bearbeiten mit <HTML-Editor>„ im Menü „Seite" inkonsistent sein
940059	Beim Anschließen einer USB-Webcam kann ein schwerwiegender Videoleistungsabfall und ein Stop-Fehler auf einem Windows Vista-basierten Computer auftreten

940069	Eine Indexdienstabfrage, die das LIKE-Prädikat verwendet, gibt ein falsches Ergebnis in Windows Vista zurück
940105	Verwendung des virtuellen Adressraums bei der Windows-Spieleentwicklung
940145	Die Leistung eines Computers, auf dem Windows Vista ausgeführt wird, kann sich verringern, wenn eine Anwendung ausgeführt wird, welche die StretchBlt-Funktion aufruft
940199	Die Fehlermeldung „Windows stieß auf ein Problem bei dem Installieren der Treibersoftware für Ihr Gerät" während der Installation eines neuen Hardwaregeräts auf einem Windows Vista-basierten Computer
940427	Ein Hotfix ist verfügbar, das die Sommerzeit für die Kairoer Zeitzone (GMT+02:00) im Jahr 2007 für Windows XP, Windows Server 2003 und Windows Vista ändert
940480	Eine 32-Bit-Anwendung kann die NetBIOS-API nicht verwenden, um Daten auf einem Computer zu empfangen, auf dem eine 64-Bit-Version von Windows Vista ausgeführt wird
940508	In Windows Vista kann es auf einem NTFS-formatiertem USB-Gerät zu einem Datenverlust kommen, wenn im Windows Explorer mit der rechten Maustaste auf das Gerät und dann auf Auswerfen geklickt wird
940526	In der Ereignisanzeige wird im Überwachungsereignis ID 560 der Name einer gelöschten Datei fälschlicherweise im 8.3-Format angezeigt, wenn die Datei in Windows Server 2003, Windows XP oder Windows Vista in einer Eingabeaufforderung gelöscht wurde
940646	Der Datenübertragungsdurchsatz einer 3G WWAN-Karte ist in Windows Vista geringer als erwartet
940716	Die angezeigte Uhrzeit weicht während der Sommerzeit um eine Stunde von der tatsächlichen Zeit ab, wenn in Windows Vista die Eigenschaft „System.TimeZone" in der Zeitzoneneinstellung Jerusalem verwendet wird
940810	Beim Installieren eines Zertifikats auf einem Windows Vista-basierten Computer kann der Rundll32.exe-Prozess abstürzen, wenn der Zertifikat-Importassistent verwendet wird

940848	Aktualisiertes Hotfix-Paket für die Microsoft Management Console (MMC) in Windows Server 2003
940856	Beim Start der Remoteunterstützungs-Komponente in Windows Vista tritt eine 45 Sekunden lange Verzögerung auf
940894	In der Sprachenauswahl auf der ersten Seite des Out Of Box Experience (OOBE)-Assistenten auf einem Windows Vista-basierten Computer werden zwei identische katalanische Einträge aufgelistet
941000	Auf einem Computer, auf dem Windows Internet Explorer 7 installiert ist, erscheint die Sicherheitszone eines Netzlaufwerks, das mit dem Subst-Befehl zugeordnet wurde, als „Internet"
941001	Die „Intranetsites: Alle lokalen Sites sind enthalten, die nicht in anderen Zonen aufgeführt sind"-Richtlinieneinstellung des Internet Explorers 7 funktioniert nicht wie erwartet
941020	Nach der Installation eines Treibers, der On-board Flash-Speicher auf einem Windows Vista-basierten Computer verwaltet, treten gelegentlich STOP-Fehler auf
941021	Fehlermeldung „STOP 0x0000007E" wenn ein Windows Vista-basierter Computer wiederholt neu gestartet wird
941025	Wenn eine Taste auf der Tastatur gedrückt wird, um ein Programm zu starten, gibt es eine Verzögerung, bevor das Programm auf einem tragbaren Computer gestartet wird, auf dem Windows Vista ausgeführt wird
941029	Der Internet Explorer 7 kann weiterhin bedient werden, wenn im Internet Explorer 7 ein modales Visual Basic 6.0-Formular aus einem ActiveX-Steuerelement angezeigt wird
941061	Ablaufverfolgungsereignisse in der Protokollausgabe gehen auf einem Windows Vista-basierten Computer zufällig verloren, bei dem das ETW-Protokoll aktiviert wurde
941067	Die gesamten Inhalte sind fixiert und wenn die Richtlinieneinstellung zu „Ordner-Umleitung" auf einem Windows Vista-basierten Computer angewandt wird, werden die gesamten Inhalte in einem umgeleiteten Ordner gefüllt

941090	Auf einem Windows Vista-Computer bleiben Nachrichten möglicherweise im Postausgang von Windows Mail hängen
941102	Die Wiedergabe von Live TV oder aufgezeichnetem TV in Windows Media Center auf einem Computer, auf dem Windows Vista ausgeführt wird, ist gestört oder pixelig
941137	Der Gleichheitszeichen-Taste funktioniert nicht auf einer USB PC98-Tastatur, die an einen Windows Vista-basierten Computer angeschlossen ist
941158	Nachdem Internet Explorer Maintenance-Einstellungen in einer Gruppenrichtlinie in einer Domäne konfiguriert wurden, tritt bei der Anmeldung in der Domäne auf einem Client-Computer, auf dem Internet Explorer 7 installiert ist, eine 20 Sekunden lange Verzögerung auf
941179	Der alte MSXML-6.0-Parser konvertiert Zeilenschaltungen nicht wie erwartet in Leerzeichen
941202	MS07-056: Sicherheitsupdate für Outlook Express und Windows Mail
941229	Zusammenfassende Aktualisierung für Media Center für Windows Vista (Oktober 2007)
941234	Die Fehlermeldung „Audio-Fehler: Ein unbekannter Audio-Fehler ist aufgetreten (80010001)" erscheint während der Wiedergabe von Musik mit dem Windows Media Center in Windows Vista
941277	Nach der Auswahl einer Zeitzone auf einem Windows Vista-basierten Computer, auf dem das kroatische Sprachpaket installiert ist, wird möglicherweise die falsche Zeitzone angewendet
941282	Eine Anwendung empfängt keine Zwischenablagebetrachter-Nachrichten, wenn der Windows Media Player 11 ausgeführt wird, oder wenn der Windows Media Player 11 keine .dvr-ms-Dateien freigibt
941298	Die Fehlermeldung „Systemfehler 1397 ist aufgetreten. Gegenseitige Authentifizierung schlug fehl" tritt auf, wenn auf eine freigegebene WebDAV-Datei von einem Windows Vista-basierten Computer zugegriffen wird
941311	Der Ultra DMA Mode 5-Übertragungsmodus wird möglicherweise als Ultra DMA Mode 2-Übertragungsmodus in Windows Vista angezeigt

941386	Nach der Installation des MS07-040-Sicherheitsupdates wird die Fehlermeldung „Der Typ System.Web.HttpHeaderCollection ist nicht als serialisierbar markiert" während der Ausführung einer ASP.NET 2.0-Web-Anwendung, die das .NET Framework 2.0 benutzt, ausgegeben
941411	Aktualisierung zur Verbesserung des Windows Sidebar-Schutzes für Windows Vista
941436	Beim Abmelden eines Benutzers, der ein servergespeichertes Benutzerprofil verwendet, nach von einem Windows Vista-basierten Clientcomputer, werden redundante Prf<x>.tmp-Dateien generiert
941492	Stoppfehlermeldung „STOP 0x0000000A IRQL_NOT_LESS_OR_ EQUAL" wenn der Computer aus dem Ruhezustand in Windows Vista aufgeweckt wird
941507	Stoppfehlermeldung „STOP 0x0000000A IRQL_NOT_LESS_OR_ EQUAL", wenn ein tragbarer Windows Vista-basierter Computer gestartet wird, dessen Deckel geschlossen ist
941542	Beim Versuch der Verbindung eines Windows-Vista-basierten Computers mit einem Netzwerkdrucker, dessen Name kein UNC-Pfad ist, schlägt die Verbindung fehl
941561	Nachdem auf einem Windows Vista-basierten Computer in der WTSWaitSystemEvent-Funktion der Wert des EventMask-Parameters auf WTS_EVENT_FLUSH gesetzt wird, kehren keine ausstehenden Aufrufe zu dieser Funktion zurück
941568	MS07-064: Sicherheitsanfälligkeiten in DirectX können Remotecodeausführung ermöglichen
941569	MS07-068: Sicherheitsanfälligkeit in Windows Mediendateiformat kann Remotecodeausführung ermöglichen
941595	Kein Windows Vista-basierter WIM-integrierter Solution Accelerator für das Business Desktop Deployment kann erstellt werden
941600	Zusammenfassende Aktualisierung für USB-Kernkomponenten in Windows Vista
941603	Die Fehlermeldung „Eine Remoteunterstützungsverbindung konnte nicht aufgebaut werden", wenn eine Einladungsdatei für die Remoteunterstützung an einem Compu-

	ter auf einem Windows XP-Computer aufgerufen wird, auf dem RDC 6.0 installiert ist
941644	MS08-001: Eine Sicherheitslücke in Windows TCP/IP kann Remotecodeausführung ermöglichen
941649	Eine Aktualisierung, welche die Kompatibilität, Zuverlässigkeit und Stabilität von Windows Vista verbessert, ist verfügbar
941651	Zusammenfassende Aktualisierung für Windows Media Player 11 in Windows Vista
941660	Die Windows PowerShell 1.0 funktioniert nicht ordnungsgemäß mit benutzerdefinierten Ländern oder Programmen, die Windows PowerShell 1.0 hindern, auf den Stammordner jedes Dateisystemlaufwerks in Windows Vista, Windows Server 2003 und Windows XP zuzugreifen
941673	Nach der Hinzufügung des CopyFileBufferedSynchronousIo-Registrierungseintrags in Windows Vista wird eine Datei nur geringfügig schneller auf einen anderen Computer kopiert, wenn der Windows Explorer verwendet wird
941698	Wenn auf einem Windows Vista-basierten Computer der Out Of Box Experience (OOBE)-Assistent ausgeführt wird, wird beim nächsten Neustart die falsche Sprache eingestellt
941719	Nachdem der Hotfix, der in Artikel 932626 der Microsoft Knowledge Base erwähnt wird, auf einem Windows Vista-basierten Computer installiert wurde, wird ein IBM MicroDrive Laufwerksbuchstabe im Datenträgerverwaltungs-Knoten der Computerverwaltungs-Konsole nicht angezeigt
941794	Es wird auf einem Windows Vista-basierten Computer eine Fehlermeldung ausgegeben, dass der Zugriff verweigert wird, wenn auf Offline-Dateien, die mit dem Dateiserver nicht synchronisiert sind, geklickt wird
941797	Ein servergespeichertes Benutzerprofil wird nicht wie erwartet geladen, wenn ein Domänen-Benutzer sich von einem Windows Vista-basierten Computer an der Domäne anmeldet

941808	Nachdem ein Windows Vista-basierter Clientcomputer gesperrt und dann entsperrt wurde, wird möglicherweise nach Benutzeranmeldeinformationen gefragt, bevor auf Netzwerkressourcen zugegriffen werden kann
941853	Sie werden aufgefordert, Ihre Benutzeranmeldeinformationen einzugeben, wenn Sie den Internet Explorer auf einem Windows Vista-basierten Computer verwenden, um auf Dateien auf einer Web Distributed Authoring and Versioning (WebDAV)-Site zuzugreifen
941858	Es wird eine Stop-Fehlermeldung „0x0000009F DRIVER_POWER_ STATE_FAILURE" ausgegeben, wenn ein Windows Vista-basierter Computer in den Energiesparmodus oder Ruhezustand gebracht oder aus dem Energiesparmodus oder Ruhezustand reaktiviert wird
941860	Die Liste von Computern und freigegebenen Ressourcen im Netzwerk wird im Windows Explorer oder mit dem Befehl „NET VIEW" auf einem Windows Vista-basierten Computer nicht angezeigt
941890	Auf einem Windows Vista-basierten Computer wird beim Zugriff mit dem Internet Explorer auf Dateien in einer WebDAV-Site nach Benutzeranmeldeinformationen gefragt
941895	Die Wiedergabe-Qualität eines Videos, das ein 50 Hz PAL-Signal verwendet, kann auf einem Computer, der ein integriertes LC-Display verwendet, auf Windows Media Center unter Windows Vista schlecht sein
941938	Nachdem Sie den Assistenten zu dem Anpassen von Internet Explorer verwenden, um die Standardelemente einiger Funktionen in Internet Explorer 7 zu entfernen, sind diese Elemente in Internet Explorer 7 noch vorhanden
941962	Es treten Probleme während des Druckens eines Dokuments in einem 32-Bit-Programm auf einem Computer auf, auf dem eine 64-Bit-Version von Windows Vista ausgeführt wird
941996	Ein USB-Gerät funktioniert möglicherweise nicht mehr richtig, nachdem Windows Vista gestartet oder aus dem Ruhezustand aufgeweckt wird

941997	Ein Bluetooth-Gerät funktioniert nicht mehr ordnungsgemäß, und im Gerätemanager wird der Fehler-Code 43 angezeigt, wenn ein Windows Vista-basierter Computer aus dem Ruhezustand aufgeweckt wird
942003	Die Fehlermeldung „Der Benutzer ist keiner vertrauten SQL Server-Verbindung zugeordnet" wird auf einem Windows Vista-basierten Computer ausgegeben, wenn versucht wird, eine Verbindung mittels einer VPN-Verbindung zum Microsoft SQL Server Management Studio herzustellen
942089	Die Installation der Version 2.0.3 eines Omniquad Total Security Programms auf einem Windows Vista-basierten Computer schlägt fehl
942097	Bei der Widergabe von Live TV auf dem LA7-Kanal im Windows Media Center wird der Ton aber kein Bild auf einem Computer, auf dem Windows Vista ausgeführt wird, ausgegeben
942146	Wenn ein Excel-2007-Dokument auf einem Windows Vista-basierten Computer aus einem freigegebenen Remote-Ordner geöffnet werden soll, wird die Fehlermeldung „Die Datei ist bereits geöffnet" angezeigt, selbst wenn kein anderer Benutzer das Dokument verwendet
942171	Die Farbe des Seiteninhalts wird nicht wie erwartet angezeigt, wenn eine Webseite aufgerufen wird, die ein ICM-Profil für den ICMFilter-Filter in Internet Explorer 7 verwendet
942172	Wenn eine Webseite geöffnet wird, indem eine Datei-URI in der Adressleiste des Windows Internet Explorer 7 auf einem Windows Vista-basierten Computer eingegeben wird, verschwindet die Abfrage-Zeichenfolge nachdem die Webseite geöffnet wird
942173	Die Fehlermeldung „Ein Fehler ist in dem Skript auf dieser Seite aufgetreten" wird während des Verschiebens oder Vergrößerns eines Fensters auf einem Computer ausgegeben, auf dem Windows Internet Explorer 7 installiert ist
942174	Zeitweise werden durchsichtige Schichten grau dargestellt, wenn eine Webseite, die durchsichtige Schichten enthält, im Internet Explorer 7 aufgerufen wird
942198	Ein Benutzer, der nicht über Administrator-Rechte verfügt, kann ein ActiveX-Steuerelement nicht installieren,

	wenn die CoGetClassObjectFromURL-Funktion auf einem Windows Vista-basierten Computer verwendet wird, selbst wenn der ActiveX-Installer-Dienst aktiviert ist
942219	Sie werden aufgefordert, Ihre Benutzeranmeldeinformationen einzugeben, wenn Sie versuchen, auf eine Geschäftsanwendung zuzugreifen, die für Verwendung des Features für das Einmalige Anmelden (Single Sign-On, SSO) auf einem Windows Vista-basierten Clientcomputer konfiguriert ist
942220	Ordner auf einem Windows Vista-basierten Clientcomputer werden nicht wie erwartet in einer Windows Server 2003-Domäne umgeleitet
942244	Wenn Sie versuchen, den Neigungswert und den Schwenkwert für eine UVC-kompatible Kamera festzulegen, liegt der Schwenkwert auf einem Windows Vista-basierten Computer außerhalb des gültigen Bereichs
942309	Die Fehlermeldung „FEHLER: Mehr Daten sind verfügbar" erscheint, wenn das Reg.exe-Tool zum Abfragen eines Registrierungsunterschlüssels auf einem Computer, auf dem Windows Vista ausgeführt wird, verwendet wird
942364	Wenn ein Fernsehprogramm live oder eine DVD mit Windows Media Center auf einem Windows Vista-basierten Computer betrachtet werden soll, wird kein Ton wiedergegeben, nachdem der Computer aus dem Ruhezustand aufgeweckt wurde
942365	Auf einem Windows Vista-basierten Computer kann das Popupmenü nicht angezeigt werden, wenn eine DVD-VR-formatierte DVD, die mit einem Verbraucher-DVD-Aufzeichnungsgerät erstellt wurde, wiedergegeben wird
942392	Auf einem Windows-Vista-basiertem Computer kann auf bestimmte Verzeichnisse auf einem Web Distributed Authoring and Versioning (WebDAV)-Server nicht zugegriffen werden
942435	Die Fehlermeldung „Kein Arbeitsspeicher mehr. Es ist nicht genügend Arbeitsspeicher zu dem Beenden dieses Vorgangs vorhanden." wird ausgegeben, wenn Dateien von einem Windows Vista-basierten Computer auf einen anderen Computer mit dem Windows Explorer kopiert werden
942488	Die Spracheneinstellungen und die Tastatureinstellungen werden falsch auf der Seite „Land oder Region" des

	OOBE-Wizards auf einem Windows Vista-basierten Computer angezeigt
942493	Es wird nach administrativen Benutzeranmeldeinformationen gefragt, wenn auf einem Windows Vista-basierten Computer ein Systems Management Server (SMS)-basiertes Systemsteuerungselement geöffnet werden soll
942524	Die Fehlermeldung „STOP 0x000000A0 (0 x 00000009, 0x0000001, 0x00000001, 0x00000000) INTERNAL_POWER_ERROR (A0)" erscheint, wenn ein Windows Vista-basierter Computer in den Ruhezustand gebracht wird
942541	Nachdem Windows Photo Gallery verwendet wurde, um ein Bild im Vollbild-Modus auf einem Windows Vista-basierten Computer anzuzeigen, wird das Bild auf einem mit dem Computer verbundenen Netzwerkprojektor nicht angezeigt
942543	Zertifikats-Informationen können im Windows Internet Explorer 7 oder im Zertifikats-Manager nicht angezeigt werden, wenn eine Antwortdatei für die unbeaufsichtigte Installation von Windows Vista verwendet wird
942615	MS07-069: Zusammenfassende Sicherheitsaktualisierung für den Internet Explorer
942624	MS07-063: Eine Sicherheitslücke in SMBv2 (Server Message Block Volume 2) kann Remotecodeausführung ermöglichen
942642	Probleme, die möglicherweise aufteten, wenn auf einem Windows Vista-basierten Computer der Eingabemethodeneditor Chinese Traditional DaYi (Version 6.0) oder der Chinese Traditional Array IME (Version 6.0) verwendet wird
942682	Die Fehlermeldung „Windows - No Disk" erscheint, wenn das Computerverwaltungs-Tool auf einem Windows Vista-basierten Computer verwendet wird, der ein USB-Kartenlesegerät oder ein integriertes Kartenlesegerät hat
942693	Ein Windows Vista-basierter Computer reagiert möglicherweise nicht mehr, wenn einige Aktualisierungs-Pakete für eine USB HID Komponente installiert oder deinstalliert werden und danach der Computer neu gestartet wird

942710	Die Adress-Leiste wird unerwartet angezeigt, wenn mit dem Internet Explorer 7 eine Webseite aufgerufen wird, die selbst entwickelt wurde
942732	Neben einem USB-Gerät wird im Gerätemanager möglicherweise ein Ausrufezeichen (!) angezeigt, nachdem ein tragbarer Windows Vista-basierter Computer aus dem Bereitschaftsmodus (S3) reaktiviert wird
942763	Zusammenfassende Zeitzonenaktualisierung Dezember 2007 für Microsoft Windows-Betriebssysteme
942813	Stop-Fehler: „0x0000007B (INACCESSIBLE_BOOT_DEVICE)", wenn ein Windows PE 2.0-System neu gestartet wird, das einen AMD Barcelona-Prozessor verwendet und bei dem die Operating System Capabilities (_OSC)-Methode im BIOS aktiviert ist
942836	Stopp-Fehlermeldung „0x00000001" auf einem Windows Vista-basierten Computer während des Druckens von Inhalt, der ein Bitmap enthält
942845	Offline-Dateien können nicht gelöscht oder umbenannt werden, wenn offline mit einem Windows Vista-basierten Computer gearbeitet wird
942869	Die Lesegeschwindigkeit des DVD-R/RW-Laufwerks ist auf einem Windows Vista-basierten Computer wesentlich geringer als erwartet
942894	Eine Aktualisierung, die die Änderung der Sommerzeit in 2007 durchführt, ist für Windows Server 2003 R2-Based Computer und für Windows Vista-basierte Computer, auf denen das Subsystem für UNIX-basierte Anwendungen ausgeführt wird, verfügbar
942900	Wenn in einer Eingabeaufforderung eine Datei auf einem Windows Vista-basierten Computer, auf dem das italienische Sprach-Paket installiert ist, mit dem Copy-Befehl überschrieben werden soll, wird eine Datei nicht überschrieben
942917	Eine Direct3D (D3D)-Anwendung hört auf, Grafiken wiederzugeben, wenn auf einem Windows Vista-basierten Computer von integrierten Grafiken zu diskreten Grafiken gewechselt wird
942979	Zusammenfassende Aktualisierung für die XML Paper Specification (XPS) in Windows Vista

943000	Eine Aktualisierung für Windows XP, Windows Server 2003 und Windows Vista ist verfügbar, die die Brasilien-Zeitzone (GMT-3:00) und die Manaus-Zeitzone (GMT-4:00) für 2007 und 2008 aktualisiert
943078	MS07-066: Eine Sicherheitslücke im Windows-Kernel kann die Erhöhung von Berechtigungen ermöglichen
943112	Das BeforeNavigate2-Ereignis wird auf einem Windows Vista-basierten Computer nicht wie erwartet ausgelöst, wenn zu einer nicht standardmäßigen Verknüpfung gewechselt wird
943129	In einer Network Access Protection (NAP)-Architektur geht auf einem Windows Vista-basierten Client die Netzwerkverbindung verloren, nachdem der Befehl „Gpupdate /force" ausgeführt wird
943169	Das Hotfix, das in Artikel der Microsoft Knowledge Base 935276 beschrieben wird, kann auf einem Windows Vista-basierten Computer nicht angewendet werden
943195	Der Inhalt des Fernseh-Bildschirms erscheint auf einem Windows Vista-basierten Computer grün oder grobkörnig, wenn Windows Media Center zum Ansehen von HDTV verwendet wird
943242	MIDI-Noten werden in der falschen Reihenfolge wiedergegeben, wenn ein Einspielvorgang auf einem MIDI-Audio-Gerät in Windows Vista ausgeführt wird
943245	Auf einer Webseite, die IFRAME-Elemente enthält, werden im Internet Explorer 7 die Inhalte eines editierten IFRAME-Elements nicht korrekt ausgegeben
943253	Eine Zeitabweichung der internen Uhr tritt in Windows Vista während der Bearbeitung oder Wiedergabe auf einem MIDI-Audio-Gerät auf
943300	Eine Anwendung funktioniert nicht richtig, wenn das Windows Image Acquisition-Programm aus einer Anwendung auf einem Windows Vista-basierten Computer aufgerufen und während eines Einlese-Vorgangs auf „Abbrechen" geklickt wird
943302	Windows-Vista-Anwendungskompatibilitätsaktualisierung Dezember 2007

943335	Encoder-Objekte versuchen, auf einem Windows Media-Server mehrere Push-Veröffentlichungspunkte von einem einzelnen Prozess zu erstellen
943336	In Windows Vista kann beim Drucken von mehreren Dokumenten auf einen Bluetooth-Drucker möglicherweise der zweite Druckauftrag und jeder weitere Druckauftrag fehlschlagen
943360	Die Windows-Vor-Installationsumgebung (Windows PE 2.0) kann von bestimmtem Medien auf einem Windows Vista-basierten Computer nicht starten
943397	Die Option „Bildschirmanzeige deaktivieren" funktioniert auf einem Tablet PC, auf dem Windows Vista ausgeführt wird, nicht ordnungsgemäß, wenn eine programmierbare Schaltfläche gesetzt wird, die der „Drücken und Halten"-Liste zugeordnet ist
943411	Microsoft-Sicherheitsempfehlung: Aktualisierung zum Verbessern des Windows Sidebar-Schutzes
943412	Beim Herunterfahren eines Betriebssystems können Verzögerungen auftreten, auf dem Computer ein verwalteter Dienst zusammen mit dem .NET Framework 2.0 ausgeführt wird
943440	Nach der Anmeldung an einer Active-Directory-Domäne kann ein Windows Vista-basierter Computers nicht entsperrt werden
943451	Auf eine Netzwerkfreigabe eines Unisys MCP-Servers kann von einem Windows Vista-basierten Computer nicht zugegriffen werden, wenn ein UNC-Pfad eingegeben wird, der den Freigabe-Namen nicht enthält
943470	Beim Aufruf der ApplicationContext.ReturnToApplication-Methode auf einem Windows Vista-basierten Computer wird eine neue Instanz einer MCML-basierten Anwendung gestartet
943510	Ein Speicherverlust tritt in der Msctf.dll-Komponente auf, wenn eine WebBrowser-Steuerungsanwendung in Windows XP, Windows Server 2003 oder Windows Vista verwendet wird
943544	Das Datum wird in der Windows Calendar-Minianwendung auf einem Windows Vista-basierten Computer falsch angezeigt

943599	Der Ton aus einem USB-Lautsprecher ist verzerrt, nachdem ein weiteres USB-Gerät an einen Windows Vista-basierten Computer angeschlossen wird
943601	Möglicherweise werden auf einem Windows Vista-basierten Computer einige Zeichen mit der Schreibrichtung von rechts nach links falsch angezeigt, wenn sie mit Von-links-nach-rechts-Override (LRO) und POP Directional Format (PDF)-Steuerzeichen verwendet werden
943632	Die Datenträger-Bezeichnung eines Speichermediums wird nicht aktualisiert, und das AutoPlay-Dialogfeld wird nicht angezeigt, nachdem ein Speichermedium in den Schacht eines austauschbaren Laufwerks eines Windows Vista-basierten Computers eingelegt wurde
943668	Die Fehlermeldung „Word 2007 ist auf ein Problem gestoßen" wird während des Druckens eines Word-2007-Dokuments auf einen freigegebenen Drucker auf einem Computer angezeigt, auf dem eine 64-Bit-Version von Vista ausgeführt wird
943805	Ein Element, das auf die Arbeitsoberfläche von Windows Vista kopiert wurde, wird dort nicht angezeigt, obwohl es im Ordner „Desktop" angezeigt wird
943899	Eine Aktualisierung, die die Leistung, die Reaktionszeit und die Zuverlässigkeit von Windows Vista verbessert, ist verfügbar
943974	Die Ausführung der Befehle „chkdsk /r" und „chkdsk /f" dauert auf einem Windows Vista-basierten Computer sehr lange
943986	Wenn ein Wechselgerät mit einem Windows Vista-basierten Computer erneut verbunden wird, kann Windows Vista es nicht erkennen
944020	Die Dateiübertragung von angeschlossenen Geräten zu der internen Systemfestplatte kann auf einem Windows Vista-basierten Computer nicht abgeschlossen werden
944023	Eine Aktualisierung für das Verzeichnis japanischer Postleitzahlen im Eingabemethoden-Editor für Japanisch ist jetzt für Windows Vista verfügbar
944054	Die Fehlermeldung „STOP 0x0000008E" wird während des Herunterfahrens oder Neustartens eines tragbaren Windows Vista-basierten Computers, an den Bluetooth-Geräte angeschlossen sind, ausgegeben

944110	Der Windows Media Player kann den Inhalt von bestimmten URLs nicht laden, nachdem die „Proxyeinstellungen des Webbrowsers verwenden"-Option aktiviert wurde
944141	Beim ersten Aufruf einer ASP.NET-Seite wird in einer Anwendung, die mit dem .NET Framework 2.0 erstellt wurde und auf dem IIS 7.0 verwaltet wird, eine HTTP 400-Fehlermeldung angezeigt
944151	Ein IEEE-1394-Gerät kann auf einem Windows Vista-basierten Computer nicht aus dem Gerätemanager entfernt werden, wenn das IEEE-1394-Gerät von einem externen Standard-IEEE-1394-Hub entfernt wird
944240	Eine Anwendung, die an eine Secure Digital (SD) Karte eine IOCTL_SFFDISK_DEVICE_COMMAND-Anforderung sendet, erhält auf einer 64-Bit-Version von Windows Vista die Fehlermeldung „ERROR_ACCESS_DENIED"
944242	Wenn ein Wechselgerät an einen Windows Vista-basierten Computer angeschlossen wird, wird statt des Dialogfelds „Automatische Wiedergabe" ein Windows Explorer-Fenster angezeigt
944292	Wenn ein externes optisches USB-Laufwerk auf dem Computer mit dem Datenträger erneut verbunden wird, erkennt Windows Vista dieses nicht mehr
944297	Wenn eine DVD-VR-formatierte Disk in das DVD-Laufwerk eines Windows Vista-basierten Computers eingelegt wird, wird statt des Dialogfelds „Automatische Wiedergabe" ein Windows Explorer-Fenster angezeigt
944397	Wenn eine Webseite im Internet Explorer 7 oder Internet Explorer 6 angezeigt wird, kann der Ausnahme-Handler keine Ausnahme einer Funktion erfassen, die über die Expando-Eigenschaft aufgerufen wird
944500	Die Fehlermeldung „Ein Fehler ist während des Brennens dieses Datenträgers aufgetreten. Der Datenträger kann nicht mehr verwendet werden." wird auf einem Windows Vista-basierten Computer während des Brennens einer Datei auf einer beschreibbaren DVD ausgegeben
944515	Eine Anwendung gibt auf einem Windows Vista-basierten Computer falsche Werte für den Konvertierungsmodus und den Satz-Modus eines Eingabemethodeneditors zurück

944520	Nach der erneuten Anwendung der Internet-Explorer-Wartungsgruppenrichtlinieneinstellungen auf einem Computer, auf dem Internet Explorer 7 installiert ist, fehlt eine Popup-Blocker-Ausnahme-Site, die manuell hinzugefügt wurde
944652	Symbole in administrativen MMC-Snap-Ins werden auf einem Windows Vista-basierten Computer, auf dem die Windows Server 2003-Verwaltungsprogramme installiert sind, falsch angezeigt
944882	Der zugeordnete Speicher einer Anwendung steigt für jede Datei an, die übertragen wird, wenn Medien von einem Computer, auf dem Windows Vista oder Windows XP ausgeführt wird, auf ein tragbares Gerät übertragen werden
944883	Der Windows Explorer stürzt ab, wenn der Windows Media Player minimiert wird
944917	Wenn ein Benutzer sich unter Verwendung einer Remotedesktopsitzung an einem Windows Vista-basierten Client-Computer anmeldet, wird anstelle des auf der Registerkarte „Profil" eingetragenen Profilpfads, der Profilpfad, der auf der Registerkarte „Terminaldienstprofil" angegeben ist, verwendet
945007	Eine Aktualisierung für die Internet Explorer Automatic Component Activation (IE ACA) ist verfügbar, die das „Hier Klicken zum Aktivieren des Steuerelements"-Verhalten deaktiviert
945122	Nachdem die Gruppenrichtlinien-Einstellung „Benutzerprofile, die älter als die angegebene Anzahl von Tagen ist, bei Systemstart löschen" auf einem Windows Vista-basierten Computer konfiguriert wurde, werden Benutzerprofile unerwartet gelöscht
945125	Die Vorschau-Funktion des Windows Movie Makers funktioniert auf einem Windows Vista-basierten Computer nicht richtig
945145	Auf einem Windows Vista-basierten Computer wird möglicherweise jedes Mal, wenn auf Dokumente in einer WebDAV-Site von einem neuen Arbeitsbereich zugegriffen wird, nach Passport-Anmeldeinformationen gefragt
945149	Die Grafik-Leistung kann in bestimmten Multiple-GPU-Umgebungen auf Windows Vista-basierten Computern verbessert werden

945170	Die WMV9-Encoder-Leistung von Multi-Bitraten ist auf einem Multi-Prozessor-System erheblich reduziert
945184	Die Rasdial-API gibt denselben Speicherbereich möglicherweise zwei Mal frei, und die Wählverbindungsanwendung reagiert auf einem Multi-Prozessor-Computer, auf dem Windows Vista ausgeführt wird, nicht mehr
945435	Es tritt eine lange Verzögerung beim erstmaligen Zugriff auf eine WebDAV-Freigabe von einem Windows Vista-basierten Computer auf
945438	Anwendungen, die die AcmFormatChoose-Funktion aufrufen, stürzen auf Computern unter Windows Vista ab
945533	Während des Herunterfahrens eines Windows Vista-basierten Computers, auf dem ein Bluetooth-Gerät installiert ist, reagiert der Computer nicht mehr
945577	Die Fehlermeldung „0x000000E4" oder „0x0000000A" wird ausgegeben, wenn ein Windows Vista-basierter, tragbarer Computer mit einer integrierten oder externen USB-Kamera nach langer Zeit aus dem Ruhezustand fortgesetzt wird
945612	Nachdem die Aufforderung, die DRM-Komponenten auf einem Windows Vista-basierten Computer zu aktualisieren, angezeigt wurde, kann Windows Media Center diese Aktualisierung nicht durchführen
945680	Eine USB-Tastatur funktioniert nach dem Neustart eines Windows Vista-basierten Computers mit einem NVIDIA-680i-Motherboard nicht
945683	Fehlermeldung „Windows konnte nicht berechnen, wie viel Speicherplatz für Installation erforderlich ist" wenn eine Unattend.xml-Datei zum Installieren von Windows Vista über eine .wim-Datei verwendet wird
945783	Die Fehlermeldung „<Vorgangs-Reihenfolge-Name> ist mit dem Fehlercode (0x800004005) fehlgeschlagen" wird angezeigt, wenn ein früheres Betriebssystem in der Windows Vor-Installations-Umgebung 2.0 installiert werden soll
946383	Während des Herunterfahrens eines Computers, auf dem die Windows Vor-Installations-Umgebung (WinPE) 2.0 ausgeführt wird, reagiert dieser nicht mehr

| 946723 | Fehlermeldung „STOP 0x000000FE BUGCODE_USB_DRIVER" nachdem ein Windows Vista-basierter Computer aus dem Ruhezustand reaktiviert wird |
| 947382 | Fehlermeldung „STOP 0x000000D1 DRIVER_IRQL_NOT_LESS_OR_ EQUAL" wenn in Windows Vista der Computer aus dem Energiestatus „Ruhezustand" gestartet wird |

Sachverzeichnis